To my loving Family & Friends

And

Sincere thanks to everyone who has shown
me another perspective on life and
inspired me to write

साहिल तले...

Beneath the Shore...

Beneath the Shore...

J. S. 'Sahil'

PARTRIDGE

A Penguin Random House Company

ISBN:	Hardcover	978-1-4828-1453-8
	Softcover	978-1-4828-1452-1
	Ebook	978-1-4828-1451-4

To order additional copies of this book, contact
Partridge India
000 800 10062 62
www.partridgepublishing.com/india
orders.india@partridgepublishing.com

सूची

6

7

FOREWORD

तमहीद छोटी रखूँगा, कोशिश की है तकरीबन हर नज़्म को एक हल्की सी अपनी अलग भूमिका देने की, उम्मीद है पढ़ने वालों को ये 'फ़ौरमैट' पसंद आयेगा। 'साहिल तले' नाम इस लिये दिया कि साहिल के ऊपर के निशाँ तो बनते मिटते रहते हैं, साहिल के ऊपर बिखरी सीपियाँ भी बह जाया करती हैं, लहरों में। लेकिन साहिल की रेत तले कुछ शंख, कुछ सीपियाँ छिप कर दबी रहती हैं, जमी सी रहती हैं। ये वही कुछ दबे, छिपे से ख़याल हैं ज़हन के साहिल तले के...

ये ख़याल किसी एक ज़ुबान का पहरावा पहन कर भी नहीं आते। हिन्दी और उर्दू में भी आते हैं और कभी अंग्रेज़ी में भी आया करते हैं। बस ऐसे ही कुछ ख़यालों को, ज़िन्दगी के 'पर्सनल' तजरुबों को, कुछ अपने 'प्रोफ़ेशन' में गुज़रे अनुभवों को और कुछ ख़िरामे-ज़िन्दगी के सवालों को इकठ्ठा किया है, पेश कर रहा हूँ।

छोटा सा मजमूआ है, लिखाई हिन्दी की है, अलफ़ाज़ उर्दू के भी हैं, हिन्दी के भी और कहीं कहीं कुछ अंग्रेज़ी के लफ़्ज़ भी नज़्मों की बुनतर में अटक गये हैं। हिन्दी, पंजाबी और अंग्रेज़ी से मुलाक़ात तो बहुत छोटी उम्र से हो गयी थी, उर्दू से रू-ब-रू लेकिन बहुत देर से जाकर हुआ। उर्दू को तरीके से सीखने का मौका तो कभी मिला नहीं, बस ग़ज़लें सुनते सुनते और मीर[1], ग़ालिब[2], निदा फ़ाज़ली[3] साहब, गुलज़ार साहब को पढ़ते, सुनते इक रिश्ता सा बंध गया, अब पहचान बहुत पुरानी लगती है।

---

[1]मीर–Mir Taqi Mir, 18th century Urdu poet

[2] ग़ालिब–Mirza Asadullah Khan 'Ghalib', renowned Urdu poet from Mughal Era

[3] निदा फ़ाज़ली–Muqtida Hasan Nida Fazli, Indian poet and lyricist.

लिखने का सिलसिला 'मैड़िकल कालेज' के दिनों में शुरू हुआ, गुज़रते सालों की तहों में नज़्में और ग़ज़लें जमा होती रहीं। किसी को सुनाने का तो हौसला कभी हुआ नहीं, अब थोड़ी झिझक सी भी है कि न जाने पढ़ने वालों को पसंद आयेंगी भी या नहीं।

गुलज़ार[4] साहब का शुक्रिया भी अदा करना चाहूँगा। उनसे न तो कभी मुलाक़ात हुई, न ही रू-ब-रू देखा है उनको, लेकिन उनकी शायरी ने, नज़्मों और ग़ज़लों ने, ज़िन्दगी की कुछ मुश्किल राहों, कुछ सियाह मोड़ों पर कभी चाँदनी छिड़क कर राह भी दिखाई और कभी बस यूं ही हाथ थाम कर साथ भी दिया है। त्रिवेणी[5] की खूबसूरत और ताज़ा 'फ़ार्म' भी उर्दू शायरी को गुलज़ार साहब से मिली है, त्रिवेणी की इसी 'फ़ार्म' में कुछ ख़याल भी पेश कर रहा हूँ। कोशिश तो की है त्रिवेणी लिखने की, अब कामयाब हुआ कि नहीं, ये फ़ैसला तो आप पढ़ने वालों पर छोड़ दूँगा।

जतिन्दर सिंह 'साहिल'

---

[4] PadmaBhushan Gulzar Sahib is a renowned Indian film-maker, author, lyricist and a poet.

[5] त्रिवेणी की 'फ़ार्म' गुलज़ार साहब की इजाद है, उनसे उर्दू शायरी को मिली है, त्रिवेणी तीन मिसरों में कहा गया इक ख़याल है, "तीसरा मिसरा पहले दो मिसरों के मफ़हूम को कभी निखार देता है, कभी इज़ाफा करता है या उन पर 'कंमेट' करता है"-as described by Gulzar Sahib in 'रात पश्मीने की' published by Rupa & Company, 2002.

नज़्में

एक दोस्त की याद में जो बे-वक़्त ही हाथ छुड़ाकर कायनात के उस पार जा बैठा है। D की याद में...

'भाखड़ा डैम' पर खड़ा
ऊँचाइयों से गिरती,
चिंघाड़ती 'सतलुज' के शोर में
'गाइड' गला फाड़े चीख कर बता रहा था
कि ये पानी जब नीचे बड़ी चर्खियों पे गिरकर
उन्हें घुमाता है, तो ऊर्जा पैदा होती है
इतनी ऊर्जा जो लाखों शहरों को रौशन करती है

उस वक़्त हजूम में तन्हा खड़ा मैं सोच रहा था
कि तेरे लबों से तबस्सुम का वो दरिया
जब मेरी आँखों की चर्खियों पे गिरा करता था
तो ज़हन की बस्ती में,
कितने ख़याल रौशन किया करता था
तेरे तबस्सुम की हौली सी लरज़िश से,
ज़हन की मेड़ तोड़कर
कितनी बातें मेरे लबों पे फूटा करती थीं

लेकिन अब न तू है,
न तेरे तबस्सुम का वो दरिया
इक दर्द के पक़्के टाँकों से,
जैसे लब सिले से रहते हैं

बस जंगाल सा लग चला है इन आँखों को
और ये जंग लगी आँखों की चर्खियाँ
ख़ामोश, मसदूद खड़ी हैं
और ज़हन की बस्ती घुप अंधेरे में डूबी है ॥

ऊर्जा

(भाखड़ा डैम-उत्तर भारत में एक बाँध/Bhakhra Dam, सतलुज-सतलुज नदी/Satluj River, हजूम-भीड़/crowd; तबस्सुम-हंसी/smile, लरज़िश-कंपकपी/tremble, मेड़-पानी रोकने के लिये बनाया मिट्टी का ढ़ेर/field ridge to stop water, जंगाल-जंग लगी/rusted; मसदूद-ठहरी हुई/still/motionless, घुप-गहरा/pitch)

कुछ अज़ीज़ दोस्तों की कमी हर दिन महसूस हुआ करती है। इक खालीपन सा रहता है कुछ साँझों के कटोरों में, जो भरता ही नहीं। दिल बस इक मुलाक़ात को भी तरसता रहता है...

टेढ़ी सी उस सड़क की बाँहों में
रात टपक रही थी जब, दरख़्तों से
और हवा का हर इक झोंका,
नींद से बोझल ऊँघ रहा था शाखों पर
कुबड़े से उस मोड़ परे,
इक अजनबी सा मिला था तू
फिर रफ़ाक़त की कलम से
वक़्त की इस बही में
कितनी शामों के लम्हे महसूब हुए

तेरी हंसी की तीखी कटार से
कितने दर्दों के धागे कट जाया करते थे
और कैसी नर्म धूप सी
बातों के मरहम किया करता था तू
मैं दिन की बासी सी बातें सब
बुड़-बुड़ा दिया करता था, बे-झिझक
और तू सुन लेता था
बिना शर्तों के लाद धरे

फिर वक़्त पलटा
मैं उड़ आया ज़मीं के इस तरफ़
और तू फैला के पर अपने
ज़मीं के उस तरफ़ को उड़ गया
इक ख़ला सा है अब, वक़्त में
भरता नहीं,

और ढूंढ़े है दिल
कि कुछ चन्दे मुलाकातों के ख़ैरात मिलें
मेरी शामें फिर सोग से बारिद हैं
कुछ ज़ख़्म रिसते हैं फिर,

आ किसी रोज़ आकर
फिर अपनी किसी नर्म सी बात का
कोसा सा मरहम रख दे तू ॥

खला एक रिश्ते का

(ऊँघ-सुस्ता/dozing, रफ़ाक़त-मेलजोल/meeting, महसूब-हिसाब में लिखे गये/accounted for, बही-हिसाब की किताब/account book, लाद-बोझ/weight, ख़ला-खालीपन/emptiness, चन्दे-कुछ मुद्दत/few moments, ख़ैरात-भीख/alms, सोग-दुख/sadness, बारिद-सर्द/cold)

किसी ने इक बार एक रिश्ते को लफ़्ज़ों में ब्याँ करने को कहा था, इक तस्वीर सी खेंचने को कहा था। अब कुछ रिश्ते अलफ़ाज़े-ब्याँ या रंगते-तस्वीर में कहाँ ढ़ला करते हैं...

अलफ़ाज़ अक्सर रिश्तों के मर्म नहीं पाते
और रिश्ते लफ़्ज़ों के चोग़े नहीं पहना करते
कि लफ़्ज़ों की, जुमलों की, मीयादें तो
ज़ुबानो-लुग़ात के चंद वरक़ों की गुलाम हैं
क़वायद के क़ायदों में क़ैद रहती हैं,
या हरूफ़ों की खाक़ चाटा करती हैं बस

और ये रिश्ते तो दिल के 'लैन्स' से
ऐसे शरारे रौशनी के,
ऐसे रंग बिखेरा करते हैं ज़हन में
कि अलफ़ाज़ों की 'पैलेट' के सब रंग मिलाकर भी
ज़ुबान के 'कैमरे' से
कुछ रिश्तों की खूबसूरत तस्वीर नहीं खिंचती ॥

रिश्तों की तस्वीर

(मर्म-मतलब/essence, चोग़ा- एक तरह का बाहर पहनने का कपड़ा/overcoat, जुमला-वाक्य/sentence, मीयाद-हद/boundary, लुग़ात- dictionary/language, वरक़ा-काग़ज़ का टुकड़ा/page, क़वायद-व्याकरण/grammar, हरूफ़-अक्षर/words, शरारे- sparks)

रात का कंबल ओढ़कर
अक्सर तेरे घर आता हूँ
कि दिन की सफ़ैद चादर पर
रख कर पाँव आया कभी
तो डरता हूँ,
कि पैरों के निशाँ पड़ जायेंगे

ढूँढ़ लेगा फिर मुआ दर्द का काँटा कोई
ये इकहरा रास्ता भी,
जो तेरे घर को आता है ॥

तेरे घर का रास्ता

इक दोस्त ने बड़ा खूबसूरत सा वादा किया था सफ़र का, इकहरी मंज़िल हमने कभी तय रखी ही नहीं, बस सफ़र कुछ साथ गुज़रा, कुछ यादें उस सफ़र की हमसफ़र हैं अब...

ख़त्म कर के विर्द के सब काम–काज
लुम्बड़ सा दिन भी आख़िर
थक कर गुज़र चला था
दूर 'शिवालक' की उस डोंगर पर
साँझ ने सुर्ख़ सूरज का डला फोड़ा
तो काली मट्टी सी बिखरी थी,
आँगन में रात

फिर इक टूटते तारे की पूँछ पकड़े
तू आया था, और थाम के मेरा हाथ
जा बैठा था नीली चाँदनी के दश्त में
जहाँ न रास्ते थे, न निशाँ पैरों के

उस सोसनी से आलम में
किया था ये वादा तूने
कि बस सैयारों से घूमा करेंगे दोनो

जिस जानिब रखेंगे कदम,
वहाँ रास्ते बन ही जायेंगे
साथ मिलकर हिला लेंगे, अपने दोनो हाथों से
वक़्त का छतारा ये
तो कुछ मीठे लम्हे यादों के,
झोली में गिर ही जायेंगे

बस समेट कर इन यादों को,
तू अपनी नह निकल जाना
मैं अपनी राह पकड़ लूँगा

मंज़िल इकहरी न हुई तो क्या
इस सफ़र की यादों की नर्म पोशिश में
ये उम्र बसर हम कर लेंगे ।।

वादा बस सफ़र का

(विर्द-रोज़ाना के काम/routine, लुम्बड़-लम्बा खिंचा हुआ/long, शिवालक-reference to Shivalik Hills, डोंगर-छोटी पहाड़ी/small hill, दश्त-खुला मैदान/open space, सोसनी-नीला/blue, सैयारा-घूमने वाला तारा/a moving star, जानिब-तरफ़/direction, छतारा-बहुत बड़ा और पत्तेदार पेड़/big leafy tree, नह-रास्ता/path, पोशिश-पोशाक़/dress)

जिसकी तलाश है मुझको, वो शायद मुझ ही में मिलेगा कहीं...

चहार-दाँग बिखरा है शायद
वो फ़िज़ाओं में, हवाओं में, इन ख़लाओं में
इक उम्र लगी है अहसास उसका पाने को
मैं अनजान, बेख़बर, मस्ती में चलता रहा
वो चाँद हुआ, सूरज कभी, राह मुझे दिखाने को

मुझे सोसनी आसमाँ की, सुनहरी धूप की,
और चाँदनी के रंगों की उलझन रही
वो रंगों में लेकिन शायद कभी ढ़ला ही नहीं
देखा भी तो नहीं है इन आँखों ने उसे
ये क़ौल ये कायदा दीद-ओ-दीदार का
लेकिन, हमने इस रिश्ते में कभी रखा ही नहीं

वो शायद मुझमें ही कहीं मायल है
लेकिन मैं अपनी सतह तले,
अपनी इन गहराइयों में अभी उतरा ही नहीं ॥

तलाश

(चहार-दाँग-चारों दिशायें/all four directions, सोसनी-नीला/blue, क़ौल-वादा/promise, मायल-शामिल/included, सतह-परत/layer)

अजब, अनोखे से रंग दिखाता है इंतज़ार भी, बस कभी कभी यही इक कच्ची सी उम्मीद हौसला भी देती है, ज़िन्दगी की चाल में इक जोश बरक़रार रखती है...

तेरा इंतज़ार सितम है,
वक़्त की चादर के अर्ज़ की चौड़ाई सा
दूर कायनात में फैली हुई गहराई सा
तेरा इंतज़ार सितम है,
जैसे तपते रेगिस्ताँ को आस पानी की रहती है
जैसे समन्दर तले ज़मीं को प्यास आसमानी रहती है
तेरा इंतज़ार सितम है,
कभी दिल भरा भरा सा रहता है
कभी ज़हन में इक ख़ला सा रहता है
तेरा इंतज़ार सितम है,
ख़ैर कुछ तो है,
कि दिल धड़कन की चाह रखता है
आँखों के कटोरों में
कितने हसीं ख़्वाबों को पनाह रखता है
तेरा ये इंतज़ार सितम है, लेकिन
ज़िन्दगी की आग में इल्तिहाब रखता है ॥

तेरा इंतज़ार

(अर्ज़-कपड़े का अर्ज़ या चौड़ाई/width of a cloth, ख़ला-खालीपन/emptiness, इल्तिहाब-आग का भड़कना/flare of a fire)

दिल्ली में गुज़री मौनसून की इक शाम, इक रात और दिन, इक
इन्द्रधनुष खिंचा था आसमान में, इक याद बिखरी थी मेरे ज़हन में...

कल शाम से आसमान
दिल्ली के सुस्त 'ट्रैफ़िक' सा
रुक रुक के झड़ रहा था
रात भर बजता रहा धरती की टीन पर
और दिल्ली की तंग गलियाँ में
रस्सी—टप्पा खेलती रहीं,
मेह की बूंदें रात भर

रात के अँधेरे में,
चाँदनी छिपती छिपाती आयी थी
दी दस्तक़ मेरी खिड़की पर
तो कैसे मोतियों सी चमक उठी थीं, वो बूंदें
जैसे तेरी आँखें झाँक रही थीं खिड़की से

और सुबह सुबह सूरज जागा भी, लेकिन
इतवार की छुट्टी जानकर
आँखें मलता हुआ
मुंह पर डाल कर चादर बादलों की
फिर से सो गया

हाजरे का सूरज उठा,
तो कुछ बुझा बुझा सा था
बिजलियों की घुरकी से, कुछ डरा डरा सा था
ख़ैर हिम्मत कर, अंगड़ाई लिये उठ गया

मुँह धोने आया था शायद
उस हल्की सी बौछार में
उस धूप और बरसात के आलम में
कायनात ने कितना रंगीन
इन्द्रधनुष खेंच ड़ाला था

तेरी याद कितने रंग पहनकर
बिखरी थी ज़हन के आँगन में ॥

इन्द्रधनुष

(मेह-बारिश/rain, हाजरा-दोपहर/afternoon, घुरकी-डाँट/scolding)

शायर ख़यालों को, लफ़्ज़ों को उलझाता रहता है, बेलों की तरह। खुद में बल पड़ गया कभी तो?

वो शायर सीधा सा सादा सा
जैसे तना मेरे आँगन के आम का
ज़िन्दगी की उलझी बेलों में
रिश्तों के, जज़्बातों के मज़मून ढूंढ़ा करता है
और कभी कभी इन बेलों से
तोड़ लेता है, कुछ पक्के लम्हे यादों के

बड़ी अज़ीज़ हैं ये बेलें इसको
बस इन ख़यालों के साक़ से लिपटी हुई लेकिन
कि खुद में जो बल पड़ गया कभी
तो शायद टूट जायेगा ॥

शायर–1

(मजमून–विषय/theme, साक़–पेड़ का तना/tree trunk)

रिश्तों को पकने में वक़्त तो लगता है। कच्चे उतार कर निगलो तो मुँह जला दिया करते हैं...

मैं अपने तेरे रिश्ते को,
जज़्बातों के अँगारों की आँच में
मोहब्बत के तन्नूर पर पका रहा था
लेकिन शायद,
कुछ जल्दी में उतार लिया था मैंने
इसे मोहब्बत के तन्नूर से
या फिर,
जज़्बातों के इन कच्चे कोयलों का सेक कम था
कुछ कच्चा सा रह गया था अपना रिश्ता

ज़ुबाँ पे रखा तो ज़ायका बिगड़ गया
और इसका गरम निवाला निगला
तो इतने छाले पड़े हैं मुँह में
कि अब कुछ और निगला नहीं जाता ॥

कच्चा रिश्ता

(तन्नूर-मिट्टी का चूल्हा/तन्दूर/clay stove, ज़ायका-स्वाद/taste, निवाला-a bite/morsel)

हर साल 365 दिनों से कुछ लम्हे चुराकर, ख़यालों के बीज बोता हूँ, कुछ ख़यालों की बल्लियाँ पकें तो काट कर रख लेता हूँ। शायर के ख़याल जैसे गिरवी रहते हैं वक़्त के हिसाब में, हर साल वक़्त का ये ज़मीनदार ले जाता है सब समेट कर...

ये गुज़रे बरस, बोये थे बीज कुछ ख़यालों के
सेंचा था इन ख़यालों को,
कुछ नर्म दिनों की तरावत से
कुछ सख़्त रातों की नींदें मसलकर
और चूरकर कुछ सूखे तारों के उपले
खाद भी डाली थी

अब कटी है फ़सल इन ख़यालों की
फिर ज़हन के खेत में,
मज़मूनों के गठ्ठों का ढ़ेर लगा है

कल आयेगा वक़्त का ज़मीनदार
बटोरने ये फ़सल ख़यालो-ख़िरद की
कि ये उम्र सारी खुद मैंने ही
इसके खाते में गिरवी धर दी थी

कोशिश करूँ भी कि रख लूँ छिपाकर
कोई गठ्ठा, ख़याल कोई,
तो मुमकिन नहीं होता
कि बड़ी तेज़ नज़रें रखता है ये वक़्त भी

ले जायेगा समेट कर ये पूल सब
बदले में दे जायेगा
कुछ खोटे से लम्हे, सिक्के कुछ खाली सांझों के

फिर कुछ जंग लगी रातों के हल से
बाह लूंगा ज़हन के खेत को
और इन खोटे लम्हों, इन खाली सांझों के
मैले से बटुए में,
ये पगला सा शायर ढूंढ़ लेगा, फिर,
कुछ बीज नये ख़यालों के॥

वक़्त का ज़मीनदार

(तरावत-ताज़ापन/freshness, उपला-dung cake, मज़मून-विषय/topic, गठ्ठा-कटी फ़सल का बाँधा ढ़ेर/sheaf, ख़िरद-अक़्ल/intelligence, पूल-कटी फ़सल का बाँधा ढ़ेर/sheaf, बाहना- to plough, बटुआ-छोटी थैली/small pouch or purse to keep money etc)

कितने तास्सुब हैं ज़माने में, कितनी परतों तले दब चला है इंसान।
काश इन परतों के परे भी देखना सीख लें हम...

चलो इस रात की छपड़ी में,
डूबकर चाँदनी में नहाया जाये
ये कितनी मैली परतें चढ़ी हैं
ज़हन की इस खाल पर
उतार लें परत-दर-परत ये सब तहें
और ये मैल सारा
इस सूरज की अंगीठी में जलाया जाये

मैं उतार लूँ ये परतें जिस्म से
अपनी उम्र, चेहरे के नक़्श,
बदन की बनावट,
जिस्म और आँखों के रंग की
तू उतार ले ज़हन से अपने
ये पोस्त सब,
मेरी नसल, मेरी ज़ुबाँ, मेरे मज़हब,
मेरे देस, मेरे फ़िरक़े के
फिर खुरच लें वजूद से
ये आख़िरी परत भी
कि मर्द है कि औरत है

और निकाल फेंकें आँखों से
नफ़रत का ये 'मोतियाबिंद'
फिर देखें इन साफ़ नज़रों से
देखें इन तहों तले, इस मैल तले
कि मैं भी इंसान हूँ, तू भी इंसान है

भूख दोनो के पेट में जलती है
दर्द दुखाता है दिल तेरा भी, मेरा भी
हंसी दोनो के होठों पे उगती है
ख़्वाब आते जाते हैं, दोनो की आँखों में
और यक़ीनन दोनो को
इक दिन जहाँ से जाना है
फिर क्या चिता जली, क्या दफ़न हुए
ख़ाक के पुतले हैं, बस ख़ाक ही ठिकाना है

चलो इक रात, इक रोज़ हम
देख लें इन सब मैली तहों तले
कि इंसान की जात में
फ़र्क आख़िर कुछ भी नहीं ।।

इंसान की जात

इस नज़्म में औरत के कुछ रंगों को ब्याँ करने की कोशिश की है। अम्मी, बहनों, बुआयों, मासियों, चाचियों, ताइयों, भाभियों को कितने जज़्बातों में ढ़लते देखा है, लेकिन हर रिश्ते में अक्सर प्यार और खुशियाँ ही बाँटते देखा है...

इस सादी सी ज़िन्दगी में
ढ़ली है कितने रिश्तों में तू
कितने रंगों में सामने आया करती है

बेटी बनी, अमड़ी बनी, बहना बनी
कभी उतारे है बलायें सर पे मिरचें फेर कर
कभी कलाई पर कच्चे धागे बाँधा करती है

कितना सब्र, कितना प्यार है सीने में
कभी मारे है फूंकें चोटें अच्छी करने को
कभी चाशनी सी झिड़की दे डाँटा करती है

अमड़ी ने कह दिया था इक दिन
होगी ब्याह के दिन बारिश, इस ख़ातिर
मुई जान बूझ कर कड़छी भी चाटा करती है

आँखों में भर कर धार काजल की
पहन कर रस्मों का वो टीका, वो ज़ेवर
रेशम के परांदे बालों में बाँधा करती है

चूल्हे पर रख कर साग सरसों का
कुंडी में कूट कर पूदीने को
चटनी चटोरी उंगली से चाटा करती है

सइयों संग बैठ कर आँगन में
कढ़ती है दुपट्टे फुलकारी के
उन पक्के धागों को दाँतों से काटा करती है

धूप में सूखा कर कोठे पर
भर भर के फूस के उन छाजों में
भरी दोपहरी कनकों को छाँटा करती है

रिश्ता हो कोई भी, हो कोई तेरा रूप रंग
ले कर दर्द सबके अपने पल्ले में
तू बस खुशियाँ ही बाँटा करती है ॥

कितने रंग तेरे

(अमड़ी–माँ/mother, बलायें–बुरी नज़र/evil spirits, झिड़की–डाँट/scolding, कूंड़ी–हमामदस्ता/mortar, फुलकारी–एक तरह की हाथों की कढ़ाई जो पंजाब में की जाती है/ a traditional hand embroidery done in Punjab, कोठा–छत/roof, फूस–एक तरह की सूखी सख्त घास/straw, छाज–गेहूं छाँटने का एक तरह का उपकरण/ a type of kitchen gadget, कनक–गेहूं/wheat)

बड़ी मुश्किल से मिला करते हैं ऐसे दोस्त जो आइने से भी बेहतर अक़्स दिखाया करते हैं। कड़वी तो लगती हैं ये बातें कभी कभी, लेकिन रूह को निखारा करती हैं। एक ऐसे ही दोस्त की बात पर लिखी थी ये नज़्म, उसी सिदाक़त के याराने की याद में...

बहुत कोशिश करता हूँ
कि तेरी ख़ामियों को
इन कड़वी हींग की डलियों को
लफ़्ज़ों के शहद में लपेट कर
तुझको चखा दूँ
या इक मुक़फ़्फ़ा सा शेर कह कर
तेरे कानों में उड़ेल दूँ

मगर हर बार मुमकिन नहीं होता
कि कई बार
जल जाती है ज़ुबाँ तेरी
मेरे लफ़्ज़ों की मर्चाहट से
और फट से जाते हैं परदे तेरे कान के
मेरी बातों की नोक से

लेकिन ख़ैर मैं कह ही देता हूँ,
तेरी इन ख़ामियों को
कि यही तो ऐ दोस्त
वादा किया था हमने,
सिदाक़त का इक दूजे से ॥

वादा किसी दोस्त से

(ख़ामी-ख़ोट/flaw, मुक़फ़्फ़ा-काफ़ियेदार/rhyming, सिदाक़त-सच्चाई/
truthfulness)

ज़माना कितना बदल गया है, इक *virtual world* में रहते हैं जैसे
अब...

मेरी पुश्तों के वो कच्चे घर, अब नहीं रहे
और वो कच्चे रास्ते भी
ज़्यादतन पक चले हैं अब,
'कोलतार' के सेक तले
दादा, पड़दादा यूं बता दिया करते थे
घर का पता अपने, मिलने जुलने वालों को—
कि बड़े बाज़ार से,
तालाब को इक कच्ची राह उतरेगी
फिर कोने पर दुकान है इक मोची की
वहाँ से मुड़कर, होकर 'माड़ी' से
आयेगा 'सिक्खों का मोहल्ला'
बस वहीं है घर अपना
उस ज़माने में मिलने जुलने वाले भी
बहुत आया करते थे

फिर शहर आकर, पता घर का
'सैक्टर' और मकान 'नम्बर' में तबदील हुआ
लोग उस शहर में भी,
अक्सर मिलने आया करते थे

कुछ हाल हमारा ले जाते थे
कुछ अपनी ख़बर दे जाते थे

इक 'पोस्ट-कोड' में रहता हूँ अब
अब पता मेरा कोई पूछे है,
तो 'अन्डरस्कोर' और 'याहू-डौट-कौम'
का पता बता देता हूँ
अब मिलने जुलने वाले
बहुत कम आते हैं
अब तो बस इन 'स्क्रीनों' पर ही
ख़बर-रसानी होती है
इस 'डौट-कौम' की बस्ती में ॥

'डौट-कौम' (dot.com) की बस्ती

इस नज़्म में वक़्त को बाँस से compare किया है, बाँस भी वक़्त के साथ कितनी तरह ढ़ला है। कभी कभी इस गुज़रे वक़्त के कुछ सूखे लम्हे फांस से चुभ जाया करते हैं हाथों में, फिर कुछ मीठी यादों का मरहम रखना पड़ता है...

इस वक़्त के लम्बे बाँस पर
हर ताज़ा ताज़ा लम्हा इसका
कैसा नर्म हरा सा उगता है
बाँस की ताज़ी नालों सा
और गुज़रे लम्हे माज़ी के
सूख से जाया करते हैं
और छिलते रहते हैं,
तवारीख़ की खुरचन से
किसी थोतरे, खोखले बाँस से

मैंने गुज़रे वक़्त के, लम्हे कुछ तराश कर
बाँसरी से टाँग दिये हैं आँगन में
जब यादे-सबा इसे लबों से छूती है
तो ये सूखे लम्हे वक़्त के
इक गहरी सी झंकार सुनाया करते हैं
इन धुनों की ओढ़नी ओढ़कर
फिर कितनी शामों के
सर्द लम्हे कट जाया करते हैं

कुछ ऐसे भी हैं लम्हे माज़ी के
जो फांस से चुभ जाया करते हैं
छिल से जाते हैं हाथ मेरे
इक कड़वा कड़वा दर्द सा उठने लगता है

फिर जला के कुछ मीठी यादों को
बैठ के इनकी हल्की, कोसी लौ तले
कोसे कोसे मरहम रखता रहता हूँ
इन छिले कटे से हाथों पर ।।

लम्बा बाँस वक़्त का

(नाल-डंठल/*stalk*, माज़ी-गुज़रा वक़्त/*past*, थोतरा-कुतरा हुआ/*ragged*, सबा-हवा/*breeze*, फांस-किरच/*splinter*, कोसा-गुनगुना गरम/*lukewarm*)

कभी कोई दिन एसे रूठ कर चला जाता है, बस सारा सफ़र, सारी दिशाओं को जैसे पल्लू में लपेट कर ले जाता है...

गुमराह फिरे है हवा भी सांझ की
छान रही है,
कोना–कोना, गली–गली
शब भी जैसे भूल गयी
खुद अपने ही दश्ते–तारीक़ी में
कहाँ बस्ती बसायी थी नींद की

ये दिन निकम्मा सा, ऐसा गया रूठकर
इस सारी कायनात की
क़ुत्ब–नुमाई साथ ले गया ॥

रूठा दिन

(क़ुत्ब–नुमा–दिशा दिखाने का यंत्र/compass)

कभी तो आ लाँघ कर दिन के केवाड़ को
कभी तो क़ौल कर सांझ की तजरीद में
दो चार पल दीद के
डाल दे ख़ैरात में, इस कासे में रात के

उम्र से लापता है अक़्स तेरा
इक बदीअ सा लम्स है
बस दर्द का,
आँखों से टपका करता है ॥

लापता है अक़्स तेरा

(केवाड़-चौखट/doorstep, क़ौल-बात/conversation, तजरीद-तन्हाई/solitude, कासा-कटोरा/bowl, बदीअ-अनोखा/peculiar)

कुछ रातें यूं बेचैन कटती हैं, कितनी भी कोशिश करो, नींद आँखों के घरौंदों में उतरती ही नहीं। ऐसी रातों को बस कुछ यादें दस्तक दिया करती हैं...

नींद फिर फ़रार है
फिर लापता है, मेरी आँखों से
जाड़े की पिछली रात
छपाक से दौड़ी थी खिड़की से कूद कर
फिर खिड़की पे बैठा
चाँद की छननी से कोहरे की रेत छानता रहा
बर्फ़ पर फिसली थी ये आधी–रात
दो गलियाँ छोड़कर
फिर आँखों के पासबान ने किया था गिरफ़्तार,
और पलकों की सलाख़ों परे
क़ैद किया था कम्बख़्त को

यादों की करवटों से फिर
ज़हन में कितनी सिलवटें पड़ीं
तेरी आमद के उस सोख़्ता से ख़्वाब ने,
जब सोख़ ली थी सारी चाँदनी
तो तपाक से खोली थी आँखें
कि तू आया हो शायद
चाँदनी का दोशाला ओढ़कर

फिर मुई पर लगी नींद
एक पल में परन्द हुई
बेचैन कटी थी,
जाड़े की रात फिर

तू आये, बैठे मेरे सिराहने तो
इस कम्बख़्त को फिर क़ैद करूँ ॥

नींद फ़रार है

(फ़रार-भागी हुई/fugitive, पासबान-चौकीदार/watchman, सोख़्ता-सोख लेने वाला/absorbent blotting paper, पर-पंख/wings, परन्द-पंछी/bird)

43

इस नज़्म में 'कोई' से मुतअल्लिक कबीर[6] जी से है। कबीर को पहली बार मज़हब के लिबास में देखा था लेकिन शायर के पहरावे में देखा तो कितने नये रंग, नया नज़रिया सा खुलने लगता है। नज़रिया कोई भी हो, बात उतनी ही वज़नी और खूबसूरत दिखती है।

कबीर का दोहा है–

"चलती चक़्की देखकर दिया कबीरा रोये
दो पाटन के बीच में साबुत बचा न कोये"

अब चक़्की के पाट ज़िन्दगी या मौत हैं, या अर्श–ओ–फ़र्श या अपने ही अंदर के कोई दो टुकड़े हैं जिनके बीच शायर पिसता रहता है। इसी दोहे से मुतअस्सिर है ये नज़्म...

गरदां हैं अराज़ी,
चाँद, तारे, ये कहकशाँए सब
कौन ढ़ोता है बोझ
इस ख़रास की चाल का?
पिसती है ये ज़मीं मेरे पैरों तले
या पिसता हूँ मैं ज़मीं–फ़लक के पाटों में
कह गया था 'कोई'
कुछ न साबुत बचेगा दो पाटों के बीच में

---

[6] कबीर (1398-1518)–कवि और संत
(Kabir-mystic poet and saint)

मैं फिर भी भर मुठ्ठी ख़यालों के दानों की
इस चक़्की का गला भरता हूँ अक़्सर
और ख़यालों के साथ साथ
जज़्बों का घुन भी पिसता है

फिर गूंध कर
इन सब ख़यालों, जज़्बों के फ़ितीर को
ये दीवाना सा शायर
कच्ची पक़्क़ी नज़्में पकाया करता है ॥

शायर-**2**

(गरदां-घूमने वाला/in motion/spinning, अराज़ी-धरती/earth, ख़रास-आटा पीसने की चक़्की/stone mill, फ़ितीर-ताज़ा गूँधा आटा/freshly kneaded flour)

कमरे में इन मेज़, कुर्सियों, दीवारों को देखता हूँ तो यूं लगता है जैसे ये पलट के देख रहे हैं मुझको, तन्हाई में मेरा साथ दिया करते हैं। कुछ ख़याल, कुछ बातें बस इनसे हुआ करती हैं तन्हाई में, बिना किसी शर्त धरे, बिना मुनसिफ़ बने सुना करते हैं, ये अनलिखे अधूरे से ख़याल मेरे...

किसी शायर के कमरे में जाओ कभी
तो यूं लगता है जैसे
इन दीवारों, मेज़, कुर्सियों को
आँखें, कान लगे हैं
वो रात की दवात में,
लफ़्ज़ों की स्याही घोलकर जब
खुरचता है ज़ह्न के पन्नों को
ख़यालों के नाखूनों से
तो उसके ज़ह्न की,
सब ख़राशें देखा करते हैं
उसकी सब बातें सुनते हैं
ये दीवारें, ये 'फ़र्निचर'

वो बातें जो ये खुद से किया करता है
लेकिन, अलफ़ाज़ों के काँधों पर
जिनकी न तो कभी डोली बिदा करता है
और न जनाज़ा उठता है आँगन से जिनका

बस कमरे के हैरान से काले कोने में
करके हलाक दफ़्न कर देता है कभी
तो कभी दिमाग़ की ठिर उतारने को
अलाव जला लेता है

इन दीवारों, मेज़ कुर्सियों को
दी जाये कलम की फावड़ी
तो जाने किन ख़यालों के गढ़े मुरदे बारिज़ करेंगी ।।

शायर का कमरा

(हलाक-क़त्ल कर के/*to kill*, ठिर-सरदी/*cold*, अलाव-*bonfire*, फावड़ी- ज़मीन
खोदने का औज़ार/*shovel*, बारिज़-ज़ाहिर/*exposed*)

कोई कोई नज़्म बहुत परेशान करती है शायर को, लफ़्ज़ आवारा पतंगों की तरह उड़ते रहते हैं और शायर ख़यालों की डोर से पेचा लगाता रहता है। इस पतंग-बाज़ी में कभी कभी इक और नज़्म की पतंग भी टूट कर गिर जाया करती है शायर की झोली में...

इक ख़याल की बौनी सी अँकरी को
साँभ सँभाले,
लफ़्ज़ों के डबके से सेंच रहा था
खिड़की पे कटी थी कल की रात

मैं अपनी आँखों की ठटरी से
दराज़ी रात की नापता रहा
और ये अपनी सियाह आँखें जमाकर
ढई रही मेरी खिड़की के बाहर

चाँदनी की डोरों से बंधे, अलफ़ाज़ उड़ते रहे
आवारा पतंगों की तरह
मैं पेचा लगाता रहा, रात भर

रात भर मैं जलता रहा
इस ख़याल की ताब में
और ये रात बैठी रही मेरी आढ़ में
जाड़े की खुनकी से बचकर

जाते जाते ये रात,
इस ख़याल को
चाँद की दाँती से काट गयी थी
कुछ अक़सात इस ख़याल के
बिखरे हैं पन्ने पर
कुछ परख़चे फ़र्श पर बिखरे पड़े हैं ॥

सफ़र एक नज़्म का

(अँकरी–बीज से पनपा पौधा/sprout, ड़बका–ताज़ा पानी/fresh water, ठटरी–ढाँचा/frame, दराज़ी–लम्बाई/length, सियाह–काली/dark black, ढई–जम कर बैठ जाना/picket, ताब–गरमी/warmth, खुनकी–सरदी/freeze, cold, दाँती–दराती/sickle, अक़सात–टुकड़े/pieces, परख़चे–काग़ज़ के पुरज़े/pieces of paper)

कभी कोई इस तरह जुदा होकर चला जाता है ज़िन्दगी से, बस यादों का सिलसिला रह जाता है। यादें पक कर गिरती रहती हैं दिल की ज़मीन पर, इक दर्द सा उठता रहता है...

अरसा हुआ है तुझको गये
पर इस अलहदगी के सिरों पार
दिल इक पुल बाँधे रखता है,
'हावड़ा ब्रिज'[7] सा,
कितना 'ट्रैफ़िक' रहता है इन यादों का

तेरी इन यादों ने,
जड़ गहरी पकड़ी है ज़हन में
बरगद के दरख़्त सी
कितना घना छतारा है, इस बरगद का

अक्सर तन्हा शामों को इसकी छाँवे बैठता हूँ
और कुछ अंजीर, इन गुज़री यादों के
इसकी शाख़ों पर पकते रहते हैं,
सुर्ख़ लाल गुलनारी से

अब आहिस्ता चलता है वक़्त भी
इन तन्हा लम्हों के काँधों पर

---

[7] Reference to 'Howrah Bridge' in Indian State of West Bengal. It is also the busiest Cantilever Bridge in World.

और दबे पाँव चलती है हवा
इस रात की खामोशी में
कि न खुटका हो इस ख़लवत में
न हिले शाख इस बरगद की
कि ये पक्के अंजीर यादों के
न गिर जायें कहीं दिल की ज़मीन पर

कि इस टपके की चोट से
इफ़रात हो उठती है दर्द की
दिल अब भी बोझल सा हो उठता है
कि अब अरसा हुआ है तुझको गये ॥

अरसा हुआ तुझको गये

(अलहदगी-जुदाई/separation, बरगद-Banyan tree, अंजीर-बरगद के पेड़ का फल/figs of Banyan, खुटका-आहट/sound of footsteps, ख़लवत-एकान्त/solitude, इफ़रात-बहुतायत/overabundance)

इक दोस्त के लिये कही थी ये नज़्म, कैसा भारी गुज़रा था वो साल अपने कांधों पर...

एक मुद्दत से दोनो ने
सोज़ पहन रखा है,
जाड़े की ठण्डी खुनकी सा

हाथों की पोरें,
नीली सी पड़ चली हैं अब
और एहसास सब छूट चले हैं,
हाथों की इन पोरों से

चल उधेड़ लें अब ये पैरहन
मैंने अब के अपने आँगन में
पीली नर्म धूप उगा रखी है
फिर डालें बातों का चरख़ा वही
और अपने ख़यालों के ताने में
चल धूप का,
इक मख़मली सा थान बुन लेते हैं

दोनो पहन लेंगे इसे
तो कुछ ताबिश सीने को पहुँचेगी
और इन सुन से हाथों को,
फिर नरमी लम्स की मिल जायेगी ॥

सोज़

(सोज़-दर्द/*pain*, जाड़ा-सरदी का मौसम/*winter*, खुनकी-सरदी/*cold*, थान-कपड़े
का एक लम्बा टुकड़ा/*standard long piece of cloth*, ताबिश-गरमी/
warmth)

कुछ रिश्ते यूं ख़ामोश से टूट जाया करते हैं, बस यादों का लम्बा
सिलसिला छोड़ जाते हैं...

आवाज़ नहीं करते कोई
जब ये तारे टूटा करते हैं
हज़ार सदियों से रौशन
टूट कर फ़लक से,
बस इक लम्बी सी पूंछ होकर
जैसे पल भर में बुझ जाते हैं

अपना बरसों का रिश्ता टूटा
तो दिल भी टूटा था ख़ामोश सा
अरसा हुआ है अब, ये रिश्ता बुझे

तेरी यादों की ये लम्बी सी पूंछ लेकिन
कभी बुझती ही नहीं
साथ लिये फिरता हूँ अब भी ।।

वो रिश्ता

(फ़लक-आसमान/sky)

जिस्म पर कितने ज़ख़्म, कितनी ख़राशें उभरीं हैं
तो पूछती है ज़िन्दगी
नाखून क्यों बढ़ा रखे हैं,

हमने उंगलियाँ काट कर भी देखीं हैं, लेकिन
कम्बख़्त दिल दर्द के,
कुछ और वसीले ढूंढ़ लेता है ॥

ख़राशें

ज़िन्दगी रवायतों का ग़ुलाम बना देती है अक्सर। किसी की आख़िरी अमानत से भी रिश्ता छूट गया, ज़माने के उलझे से कायदों में। अब मिलने के वसीले तो बनते नहीं, बस याद कर के आँखें नम हो जाती हैं...

तेरी वो आख़िरी निशानी भी
छूट गयी,
ज़माने की रस्मों के खे़ल में
इन रवायतों का हुक़्म हुआ
कि मुँह फेर लो, भूल जाओ बस
मैंने भी चुपचाप, ग़ुलाम होकर
सर झुकाकर, कर ली पैरवी

कल आयी थी,
याद के किवाड़ पर
इक दस्तक सी देकर दौड़ गयी
ये इफ़तरा भी छोड़ गयी चौख़ट पर
कि क्यूं छोड़ी थी मेरी उंगली
क्यूं मेरी टोह ली नहीं

ख़ैर जुर्म ये क़बूल है मुझको
मैं गर्द-नामा लिखता भी, लेकिन
जानता हूँ कि तू मफ़रूर नहीं
कि तुझको तो रस्मो-रवायत ने
तख़रीज़ किया है, छिपा लिया है

अब दुनिया के झमेलों में
मिलने के वसीले बनते नहीं
बस अलहदगी की तपक से
दर्द का टपका सा रहता है आँखों में
आँखें जलती रहती हैं बस ॥

तेरी वो आखिरी निशानी

(तहवील-धरोहर, ख़ैल-भीड़/crowd, पैरवी-आज्ञा पालन लरना/to follow orders, किवाड़-दरवाज़ा/door, इफ़्तरा-इल्ज़ाम/blame, टोह-खबर/enquire, गर्द-नामा-वो काग़ज़ जिस पर भागे हुए शख्स की वापिसी की दुआयें लिख कर खंभे या दरख्त से बांध देते हैं/piece of paper tied to a pole with good wishes for the missing person, मफ़रुर-भागी हुई/runaway, तखरीज़-अलग करना/to separate, तपक-जलन/pain)

कुछ यादें इन गहरी चाँदनी रातों को इक हजूम सा बना कर आती हैं। चाँदनी भी जलाती है, और ये चाँद जैसे सूद बटोरने आया हो उन गुज़री रातों का...

रात की बही में इस सूद-ख़ोर चाँद ने
चढ़ा रखें हैं हिसाब उन रातों के
जो साथ गुज़ारी थीं हमने
हरजाई अक्सर तन्हा रातों को
उन लम्हों का सूद बटोरने आता है
अक्सर चढ़ती है, इस चाँद के माथे पर त्यौरी सी
फिर छिप छिप कर चाँद ये,
बादलों की उधड़ी चादर के पीछे से
उन तमाम रातों के किस्सों को
लपेटकर चाँदनी के पत्थर में
मेरी खिड़की के काँच पर फेंक देता है
तिड़क कर फिर काँच से,
ये सारे छिले कटे से लम्हे, ये यादें सारी
चाँदनी में लिपटी हुई
रात भर मेरे कमरे में तड़पा करती हैं ॥

सूद-ख़ोर चाँद

(बही-account book, सूद-monetary interest)

रात भर इताब में
यूं लड़ लड़ के गयी थी चाँदनी
खिड़की पे पड़े इन 'बलाइंडस' से
इसके कोने कुतर कुतर के घुसी थी,
तेरे कमरे में

हल्की सी छिड़की रही तेरे कमरे में रात भर
नींद में तेरा माथा ही तो चूमने आयी थी बस ॥

गुस्सा चाँदनी का

(इताब-गुस्सा/anger)

दिन भर साहिल की रेत पर
पैरों के निशाँ आते जाते रहे
और ज़हन की खुरदरी सी रेत पर
कुछ यादों की आमद–ओ–रफ़्त रही
कुछ निशाँ इस रेत पर
अजनबी से थे, कुछ मेरे भी,
घुटने घिसटती साँझ आयी
तो मिट भी गये

फिर सोचा था,
साहिल तले पाँव रखूँ कहीं
और उन ख़यालों के नाक़स ढूँढ़ लूँ
कि जिनके कहीं निशाँ नहीं
समेट कर सब उलझनों की साँसों को
इन ख़यालों के नाक़स में फूंक दूँ

तो ठहरी सी, गूँगी सी इस शाम को
फिर कोई आवाज़ मिले, इक नाद मिले
और इन उलझे थके पैरों को
अगले सफ़र का आग़ाज़ मिले ॥

साहिल तले...

(आमद–ओ–रफ़्त–आना जाना/*to come and go*, नाक़स–शंख/*conch*, आग़ाज़–
आरंभ/*beginning*)

काश ज़िन्दगी हिम्मत देती मुक़्कमल सिदाक़त की। ये जो राज़ छिपा रखे हैं सीने में, जलते रहते हैं, इक दर्द सा उठता रहता है...

ठण्डे फाहे तलाशता फिरता हूँ
जिस्म जलता है मेरा
नसों में बहते लहू से
कितने तपते सुर्ख़ राज़ हुलूल हैं इसमें
इक मोड़ ऐसा मुड़ी थी ज़िन्दगी
कि छिपा ली थीं बातें कई, अपनों से
कितने सवालों की आँखों में
भर दिया था काले झूठ का सुरमा

अब जलती हैं आँखें,
और जिस्म की पोर पोर से
इक टीस सी रिसती रहती है
बस ठण्डे फाहे तलाशता फिरता हूँ ॥

ठण्डे फाहे

(फाहे-dressings for wounds, हुलूल-एक चीज़ का दूसरी चीज़ में पूरी तरह मिले होना/completely hidden or mixed into something, सुरमा-आँख में ड़ालने का चूरा/ground black pigment used as an eye-liner)

अक्सर ज़िन्दगी किसी नये मोड़ पर ला कर खड़ा कर देती है। कुछ मोड़ ऐसे तीखे होते हैं कि दिल घबराता भी बहुत है कि जाने मोड़ पार क्या होगा। वक़्त भी पैरों में बेड़ियाँ सी डालकर सवाल करने लगता है, कहता है चल खुद से हो रू-ब-रू...

वक़्त ने डाली हैं फिर बेड़ियाँ
रोक कर कहता है खुद से हो रू-ब-रू,
बिखरीं हैं दम-साज़ जुम्बिशें
दर्द की ग़ायत तहें,
जिनके तले निहाँ था मैं, ये गुज़रे बरस

धर दी हैं हाथों पर रंजिशें,
इस गुज़री उम्र की
इक सुकून हींग सा, शहद सा इक दर्द भी
कुछ यादें, कुछ राज़ छिपाये थे
इस उम्र की तहों तले,
इस नये से मोड़ पर, लम्हों की सर्द फूंक से
खोल दीं सब तहें मेरी, इस वक़्त ने

अब औंधा बिछा इस मोड़ पर सोचता हूँ
इस मोड़ परे हल्का सा कोहरा है
गहरी सी रौशनाई भी,

दो घड़ी बैठूँ यादों की पैंड़ पर

चंद बातों की बुनतर तान लूँ

या तोड़ कर ये बेड़ियाँ

घुटनों के बल आगे बढ़ूँ

जानता हूँ, कि टूटेंगे रब्त-तार कुछ,

छूटेंगे कुछ हाथ भी

ये भी सोचता हूँ लेकिन,

कि उस पार के कुहासे में

इक सफ़र नया थाम लेगा हाथ

कुछ लम्स नये राबिता हो जायेंगे ॥

नया मोड़ ज़िन्दगी का

(दम-साज़-जिगरी दोस्त/*close friends*, जुम्बिश-गति/*constant motion*, ग़ायत-बहुत ज़्यादा/*excessive*, निहाँ-छिपा हुआ/*hidden*, औंधा-मुंह भार/*face down*, पैंड़-रास्ता/*path*, रब्त-तार-रिश्तों के धागे/*relationships*, कुहासा-कोहरा/*fog*, लम्स-स्पर्श/*touch*, राबिता-सम्बन्ध/*associations*)

बचपन में उस मदारी का तमाशा देखकर दिल खुश हुआ करता था,
अब ज़िन्दगी का ये तमाशा बेचैन कर जाता है दिल को...

बचपन में अक्सर गली में
इक मदारी तमाशा लगाता था
गली भर के बच्चे सब
घेरा लगाकर देखा करते थे

डुगडुगी की आवाज़ सुनकर
पतली सी रस्सी पे संभलने का खेल, और
बंदर की वो पल्टियाँ देख कर,
दिल में खुशी के कितने बुलबुले उठते थे

अब देखा करता हूँ,
तमाशा इस ज़िन्दगी का
लोगों को रिश्तों की
पतली सी रस्सी पे चलते देखा करता हूँ
लेकिन, उस मदारी से हुनहार नहीं हैं लोग
अक्सर गिर जाया करते हैं

अब सुना करता हूँ,
टूटते, बिखरते,
काँच के रिश्तों की डुगडुगी
हर मुड़ते हुए मोड़ पर
जज़्बातों की, रिश्तों की
पल्टियाँ देखा करता हूँ

अब ये तमाशा ज़िन्दगी का
दिल को बड़ा बेचैन कर के जाता है ॥

तमाशा

कैसा कायदा है ये ज़माने का, हर सफ़र की मंज़िल, इक 'ऐन्ड-पाइंट' तय रखना पड़ता है। और फिर दिल मंज़िलों की तलाश में, इस 'ऐन्ड-पाइंट' तक साथ देने वाले हमसफ़र की खोज में उलझ जाता है, चेहरों की, आवाज़ों की भीड़ में खो सा जाता है...

मंज़िल तक कौन होगा हमसफ़र
घाबरा फिरे है ये सोच कर
जरगा सा है लोगों का,
और आवाज़ों का हुड़दंग मचा है

घूमती फिरे हैं ये सूरतें, हर तरफ़
कितने चूनों की परतों की पुताई है, इन चेहरों पर
ना-क़ाबिले शनाख़्त, ना मरासिम कोई याद है
हर बात के लबों पर, धरी है इक और बात
ना-क़ाबिले फ़हम, ना मानी कोई साफ़ है

और इतनी बिखरी हैं कौड़ियाँ, ये सिक्के से
इन मंज़िलों के
ना इल्म है क़ीमत का, ना खरे-खोटों की पहचान है

सफ़र के कोहरे में, छन रही है धूप जो
बस रख ले इसे संभालकर
कल ताबिश को काम आयेगी

पल भर को छोड़ ख़याल मंज़िल का
इस सफ़र की यादों से,
भर ले हाथों की मुठ्ठियाँ, सब खीसों को
कल यही लबों पे हंसी लायेंगी

अब छोड़ ये अफ़सुर्दगी
सफ़र का तो सब्र कर
जो जितनी दूर चलता है साथ
उतनी दूर तो चल ॥

जो जितनी दूर चलता है साथ

(घाबरा–घबराया/scared, जरगा–भीड़/crowd, हुड़दंग–शोर/commotion, चूना–एक तरह का सफ़ैदी करने का चूरा/limestone for whitewash, पुताई–मला हुआ/painted, शनाख़्त–पहचान/identification, मरासिम–रिश्ता/relationship, ना–क़ाबिले फ़हम–समझने लायक/understandable, मानी–मतलब/meaning, कौड़ियाँ–सीपियाँ/shells, ताबिश–गरमी/warmth, अफ़सुर्दगी–उदासी/sadness)

उन मुश्किल लम्हों में, इक रिश्ते की कमी सी महसूस होती है, दिल तरसता है वो मीठी सी बातें सुनने को...

अब के बरस ख़यालों की फ़सल में
कुछ झाड़ कंटीले उग आये हैं
अब के निराना करते करते
छिल से चले हैं हाथ मेरे

तेरी उन ताज़ी ठण्डी बातों से,
ज़हन का कुँआ भरा भरा सा रहता था
इक तरावत सी रहती थी सीने में
और प्यास रुह की बुझ जाया करती थी
सूख चला है अब के बरस
डुबकी लगायी तो पैर धंसे हैं गारे में

अब कुबड़ा सा दिन चलता है
सियाह बादलों का कंबल ओढ़कर
और रात आती है हुप्पो सी
चाँद तारों को निगल कर
और ज़हन के अर्श पर,
इक ग्रहण सा जम गया है जैसे

ऐ दोस्त फिर आ कर तू
कर अपने तबस्सुम की रौशनी
फिर फेंक ज़ीना बातों का अपनी
उठा ले मुझको इस काल कुँए से
और इन ज़ख़्मी हाथों पर,
अपनी उन मीठी सी बातों का
मरहम रख दे तू ॥

मरहम रख दे तू

(निराना-निराई/weeding, तरावत-ताज़गी/freshness, हुप्पो-हड़प कर
जाने वाली/one who purloins, ज़ीना-सीढ़ी/ladder)

कुछ रिश्तों को बरसों बुनने के बाद भी पूर नहीं पड़ती और कभी कभी यूं ही अधूरे से उतारने पड़ते हैं दिल के ताने से। उधेड़ने का तो कभी हौसला होता नहीं, बस इक तह सी लगाकर रख लिये जाते हैं ज़हन में छिपाकर...

शहद सी उस ढ़लती शाम में लपेटकर
धर गया था मेरी गोद में तू
हमारे रिश्ते का ये ताना अधूरा सा
कि बस तुझसे और न बुना जायेगा
मेरे हाथों में थमा गया था सिरा उसका
कि फ़ुरसत में उधेड़ लेना,
इस रिश्ते को

लेकिन ऐ दोस्त मेरे,
मैं ये रिश्ता कभी उधेड़ तो न पाऊँगा
मैंने इस रिश्ते के ताने को
बुना है अपनी साँसों की नाल से
कितनी यादें, कितने लम्हे,
कितनी खट्टी-मीठी सी बातें तेरी
उलझी हैं इसकी बुनतर में
तेरी हंसी के छपके, वो दाग़ सारे,
अब भी चमका करते हैं, इस ताने में

कि धोये नहीं हैं मेंने
तेरी उन बातों का, तेरी हंसी का खुटका
अब भी गूँजा करता है शाम की तन्हाई में

ये भी जानता हूँ लेकिन मैं
कि तेरे बग़ैर तो ये रिश्ता न बुन पाऊँगा
कि तेरी उन लम्बी, सूत सी बातों से ही
तो पूर पड़ती थी इस ताने-बाने में
ख़ैर बेरहम हो कर
उतार लूँगा इसे दिल के ताने से

लेकिन ऐ दोस्त मेरे,
मैं ये रिश्ता कभी उधेड़ तो न पाऊँगा
बस रख लूँगा ज़हन के बोसीदा से संदूक में
कुछ और अधूरे रिश्तों के अस्तर तले
दबाकर, छिपाकर ॥

अधूरा रिश्ता

(ताना-करघा/loom, नाल-जुलाहे का एक औज़ार/weaver's spindle, छपके-छींटे/splash, खुटका-शोर/sound, बोसीदा-पुराना/worn out, अस्तर-दोहरे कपड़े की नीचे की तह/under-fold of a cloth)

होश–ओ–क़ैफ़ियत के दरमियान
ये फ़ासिला अजब था
पल भर का सफ़र था
क़ैफ़ियत को पाने का
अब होश आते आते
उम्र गुज़र चली है ॥

होश–ओ–क़ैफ़ियत

(क़ैफ़ियत–बे–ख़बरी या नशे की हालत/intoxicated state of mind)

मेरे आँगन से यूं गुज़रे है सबा

जैसे आँखे मूंदे

चुप चाप बिना आहट के

जलती हुई बस्तियों से

गुज़रा करता है तेरा खुदा ॥

ख़ामोश खुदा

कुछ लम्हों को दिल बारहा जी लेना चाहता है, उनकी खुशबू को
बारहा महसूस करना चाहता है। ख़ैर गये वक़्त को फिर से जीना तो
मुमकिन नहीं होता, बस आँखें बंद कर के ज़हन की 'स्क्रीन' पर
बारहा 'रि–प्लेय' कर लिया जाता है...

'रिज' की बग़ल का कच्चा रस्ता पकड़े
'लक्कड़ बाज़ार' की तंग गलियों से हो कर
तलाश के गारे में लिबड़ा हुआ
रात की सियाह वादी में निकलता हूँ अक्सर

'गिरजा–घर' की नुक्कड़ पर खड़े
कोहरे में ठिठुरते उस लैम्प–पोस्ट की बत्ती
अक्सर गुल रहती है, तो
हाथों को मलकर इक गर्म चिंगारी से
चाँद की मध्धम सी लालटेन जला लेता हूँ

दूर वादी में फिर पकाता है नींद के चूल्हे पर,
कच्चे से ख़्वाब कोई, धुँआ सा उठता रहता है
उस हल्की सी चाँदनी में,
फिर रखकर पाँव इस धुँए पर,
उड़ता हुआ वादी में
उस लम्हे की थाँग में निकलता हूँ

जब रस्मो-हया का ताबूत तोड़ कर तूने
हल्के से देख कर यूं दोनो तरफ़
मेरा हाथ थामा था
और खेंच कर पास में अपने
मेरे गालों को चूमा था

लकड़ी की उस बेंच पर घंटों बैठा
दूर से उस लम्हे को चुपचाप देखा करता हूँ ॥

शिमला की एक याद

(रिज, लक्कड़ बाज़ार, गिरजा-घर- शिमला के कुछ लैन्ड्मार्क, सियाह-काली/black, थाँग-खोज/search, ताबूत- मुर्दे को दफ़्न करने का कफ़न/coffin)

इंसान हूँ आख़िर,
रो लेने दे
ये पिछली रात नफ़रत के शोलों से
घर जला है फिर किसी रब का

तो क्या जो न रो सका था
तेरा रब ये,
दो चार आँसू
कल जो मेरी बस्ती ख़ाक हुई थी ॥

इंसान

रात भर वो आहटें नये ख़ौफ़ से बुनती रहीं
आबरू इन्सानियत की रात भर लुटती रही
गुज़रे थे कई कारवाँ,
कुछ उतरे अर्श से, सियाह गहरे बादल थे
और कुछ उठे इस ज़मीन से,
जलती 'रबड़' की बू भरे काले धुँए के
बस, चाँद तारों की चादर को छिपाते रहे

रौशनी की शहर में लेकिन, कुछ कमी न थी
रात भर लोग दंगों में, बस्तियाँ जलाते रहे
नफ़रत-अंगेज़ी का वो मस्ताया हाथी,
चिंघाड़ता गुज़र गया
न नाम पूछा, न उम्र देखी
बस जो मिला राह में, रौंदता चला गया

देर तक आँखें कई रो रो कर थक गयीं
पर नींद की काहिश रही
और पौ फटते फटते बस,
धड़कनें चंद बुझ गयीं, चंद सुलगती रहीं ॥

दंगों की रात-1

(सियाह-काला/black, सहाब-बादल/cloud, काहिश-कमी/deficiency)

77

जलती हुई लाशों के सेक़ से
रात पिघल चली थी शहर की गलियों में
गाढ़ा सा सुर्ख़ दरिया एक
बह रहा था हर तरफ़ बस्ती में

दंगों की इस रात का, चिकना लहू था
न नाम था, न मज़हब कोई,
बस इक रंग सुर्ख़ था, इस लहू का
सुबह हुई तो धरा था,
दर्द के बेजान लोथड़े सा
कुछ आँखों के डबरे में
और इक पपड़ी सी जम चली थी
आँखों तले खून के अश्क़ों की

सुना है कल रात फिर, मज़हब की मशालों पर
बस्ती के बाशिंदों की रुहें जल कर फ़ौत हुई हैं ॥

दंगों की रात-2

(लोथड़ा-टुकड़ा (मांस का)/lump of flesh, डबरा-खून जमा होने की जगह/place for blood to collect)

दुआ गर पानी की बूँद होती
तो तुझको एक समन्दर देता

लेकिन दुआ समन्दर कैसे होगी
कि समन्दर तो 'ग्रैविटी' की मजबूरियों से
धरती के सीने से बंधे हैं
और दुआ तो वो आज़ाद सदा है
जो ज़मीं की गिरफ़्त से छूट कर
किसी अनदेखे, अनजाने से
ओंकार की चौखट पर दस्तक दिया करती है ॥

दुआ

बुल्ले शाह[8] की इक क़ाफ़ी ('बुल्लेया की जाणां में कौण') अक़्ल और रस्मों के दायरों को छोड़कर खुद की तलाश करने का ज़िक्र करती है। इतना आसान नहीं है लेकिन ये रस्मो-ख़िरद की लकीर पार करना, खुद की तलाश में निकलना...

रस्मो-ख़िरद की लकीर पार
जो कभी मैं पैर रखूँ तो
कह गया था 'सूफ़ी कोई'
कि उस पार बड़ा सुकून है

सोचता हूँ, उस पार
इक मुठ्ठी में दिन मीच लूँगा
दूजी मुठ्ठी में मीच लूँगा रात को
न अँधेरा होगा, न रौशनी
बस गेरूए शहद सी ढ़लती शाम होगी

सोचता हूँ, उस पार
मिल जायें शायद जवाब सब
या फिर खत्म सब सवाल हों
न वजूद होगा, न अक़्स, न साया ही
बस घेर लेगी ये कायनात, कोहरे सी
और मैं होकर धुँआ, इस में मायल हो जाऊँगा

---

[8] बुल्ले शाह सतरहवीं सदी के सूफ़ी शायर और फ़ल्सफ़ी

रस्मो-ख़िरद की लकीर पार
शायद बड़ा सुकून है

लेकिन, रस्मों की ये बेड़ियाँ
ये पक्के टाँके अक़्ल के,
मैं कभी उधेड़ूँ तो
ये लकीर कीकर के काँटों सी
ख़िरद की इस लकीर पार,
मैं कभी पैर रखूँ तो ॥

तलाश उस पार की

(ख़िरद-अक़्ल/*intelligence*, गेरूआ-भूरे लाल रंग का/*reddish brown
tinge*. मायल-शामिल/*in unison*, कीकर-एक कंटीला पेड़/*Acacia tree*)

अजीब सी आदत है दिल को भी, रात रात भर जागकर पुरानी यादें कुरेदता रहता है। अब कुछ यादें अपने साथ दर्द भी लेकर आती हैं, बस फिर खिड़की पे बैठकर आसमाँ को तकती रहती हैं नम आँखें। चाँद भी हरजाई आसानी से ठंड़ी चाँदनी नहीं बख़्शता। बड़ी मिन्नतें करनी पड़ती हैं इस चाँद की...

ज़हन के शहर में,
जब रात का चमगादड़ उड़ता फिरता है
आवाज़ की रफ़्तार से भी तेज़ देता है सदायें ये
और ख़यालों का ये चौकीदार
लठ बजाता फिरे है, गलियों, गलियों
कि जागते रहो!

तो कुछ यादें उठ कर बैठती हैं
और कोई दर्द पुराना, ओस सा टपका करता है
यादों के दरख़्त पर
रूह निकल कर फिर जिस्म से,
ओढ़ कर बादलों का थोतरा सा कंबल
छिपती छिपाती, जा निकलती है
यादों के गोर–खाने में

फिर ख़यालों के नाख़ूनों से,
कभी खुरचे है ज़हन की परतों को

कभी कलम की फावड़ी से,
खोदाई करती है
और कुछ यादों के गढ़े मुर्दे फ़ाश कर लेती है

अक्सर इस खोदाई से
फपोले पड़ जाते हैं हाथों पर
और ओस का टपका आँखों में उतर आता है
उठा के सर फिर रूह ये
आसमाँ को टुकर टुकर तकती है

चाँद भी हरजाई,
छिपा-छिपी खेलने लगता है
बड़ी मिन्नतों बाद, कभी कभी खाकर तरस
फेंक दिया करता है
ठंडी चाँदनी के फाहे कुछ,
मरहम को ॥

चाँदनी के फाहे

(थोतरा-कुतरा हुआ/ragged, गोर-खाना-कब्रिस्तान/graveyard, फावड़ी-ज़मीन की खोदाई का एक औज़ार/shovel, फपोले-छाले/blisters, फाहे-ज़ख़्म पर रखने का मरहम/wound dressing)

अजीब सी तलाश है, न चेहरा है, न अक्स, न साया इसका। इक ख़याली सी तामीर है, शायद कभी पैक़र हो...

मैं कदम कदम लफ़्ज़ चुन रहा हूँ
तेरे इश्क़ का ताना बुन रहा हूँ
कभी शब के गहरे हिजाब में
कभी दिन के जलते चिराग़ में
बैठता हूँ साँसों की रूँ लिये
ख़यालों को चरखे की कू किये
लफ़्ज़ों के सूत कत रहा हूँ
इक उम्र से तुझे बुन रहा हूँ

उधेड़ जाये है लफ़्ज़ों के धाग़ों को
कभी छूता है साँसों के बाग़ों को
पर दिखता है यूं ही अधूरा सा तू
न जाने कब ये ताना बनेगा
न जाने कब तेरा चेहरा दिखेगा
ख़त्म होने से पहले ये साँसों की रूँ
शायद कभी तू मुझको मिलेगा ॥

इश्क़ का ताना

(शब-रात/night, हिजाब-परदा/veil, रूँ-रूई/cotton, कू-चरखे की आवाज़/
sound of spinning wheel)

इश्क़ और चाँद का रिश्ता सदियों पुराना है, चाँद को कभी माशूक़ का चेहरा, कभी उसका माथा कहा गया तो कभी इस बेचारे चाँद के दाग़ दिखाकर माशूक़ के हुस्न को इज़ाफ़ा किया गया। चाँद चक्र (lunar cycle) को इक और नज़रिये से ब्याँ करने की कोशिश की है...

तेरे बालों में ठहरी थी अमावस की रात
फिर तेरा माथा चूमकर
तेरी आँखों में बैठा रहा ये अर्ध चाँद
थोड़ा बढ़ा तो कुबड़ा सा गया था
डोल के फिसला था तेरी नाक से
और जा के अटका था,
ठोडी के उस गड्ढे में
तो कैसे खिल के मुस्कुराया था तू
और पूरे चाँद की रात हुई थी ॥

चाँद का सफ़र

रात के कटोरे में

ये मीठा बताशा चाँद का

घुलेगा जस्ता जस्ता

आख़िरे—शब कच्ची नींद कोई,

जब करवट लेगी हौले से

तो छलकेगी, पूरब में उस चोटी पर

ये मीठी चाशनी चाँदनी की

फिर उठेगा ये आफ़ताब प्यासा सा

इक ही झपकी में बस,

इस सारी रात को पी जायेगा ।।

रात—दिन

(जस्ता जस्ता—धीरे धीरे/slowly, आफ़ताब—सूरज/sun)

हर रिश्ता किसी रसम या रिवाज के बंधन में बंधा है। कभी कभी मोहब्बत और अहसास छोटे पड़ जाते हैं इन खोखले से रसमों, रिवाजों के आगे। दिल ढूँढ़ता है कि कोई रिश्ता मिले जो रस्मो-रिवायत की क़ैद से आज़ाद हो...

हर एक रिश्ते ने पहन रखा है
चोग़ा सा, रस्मों के ज़ख़ीम खद्दर का
और ज़ेवरों सी, रिवायतों की बेड़ियाँ

मिले कोई तो रिश्ता जो
रस्मो-रिवायत की
इस मुश्त से फ़राग़ हो
जहाँ न क़ौल हों बतंगड़ों के
न हों बंदिशें रिवाजों की
अहसास और मोहब्बत की रौ में जो
ले जाये बहाकर
रस्मो-रिवायत के ये मिस्मार सब ॥

रिश्ते-1

(ज़ख़ीम-मोटा/thick, खद्दर-एक तरह का मोटा कपड़ा/type of hand-spun cloth, मुश्त-मुठ्ठी/fist, फ़राग़-मुक्त/free from, क़ौल-बातचीत/conversations, बतंगड़-व्यर्थ की लम्बी चौड़ी बात/exaggerated small talk, रौ-पानी का बहाव/flow of a stream, मिस्मार-खंडहर/ruins)

'कोची' के साहिल पर मछली पकड़ने का ये सदियों पुराना तरीका आज भी इस्तेमाल किया जाता है। 'कोची' के बाशिंदे इन्हें 'चीन-वल' कहते हैं और ये 'चाइनीस फ़िशिंग नैटस' (chinese fishing nets) के नाम से भी जाने जाते हैं। कोची के साहिल पर ऐसी ही इक शाम, जैसे ढ़लता सूरज जा के अटका था इस 'चीन-वल' के जाल में, इसी 'सन-सैट' का ब्याँ किया है इस नज़्म में...

'कोची' की एक और सांझ ढ़ल रही थी
दिन के दिवे की लौ मध्धम सी लरज़ां थी
और इस दर-माँदी रौशनी में
यूं लहराते थे नीम-रूख़ साये मछुआरों के
खेंचने को वो 'चीन-वल'
जैसे ज़हन के दरख़्त को
कोई याद माज़ी की हिला के जाती है, हौले से

फिर लकड़ी की उस गरारी पर
दिन लटका था भारी सा
और लाद से उसके, तरतीब-वार
हौले हौले उठ रहे थे वो 'चीन-वल'
उस वक़्त ये बुझता लाल सूरज
जा के अटका था उस चार-गोशे जाल में
तड़पता रहा मीन माफ़िक कुछ पल

तपाक़ से झपटा था फिर

रात के काले काग ने चोंच में

दूर उफ़क पर किया था फ़ौत इसको

कुछ देर टपकता रहा

लहू इस सूरज का अर्श से

कितना सुर्ख़ लाल हुआ था समन्दर ॥

'कोची' का 'सन-सैट'

(कोची-केरल का शहर/Kochi or Cochin, a city in South Indian state of Kerala, दिवा-दीपक/earthen lamp, लौ-रौशनी/light, लरज़ां-काँपती हुई/tremulous, दर-माँदी-थकी हुई/tired, नीम-रूख़ साया-छाया/silhouette, चीन-वल-एक तरह का मछली पकड़ने का जाल/chinese fishing nets, माज़ी-गुज़रा वक़्त/past, लाद-वज़न/weight, चार-गोशा-चार कोने वाला/with four corners, मीन-मछली/fish, काग-कौआ/crow, उफ़क-क्षितिज/horizon, फ़ौत-क़त्ल करना/to kill, अर्श-आसमान/sky)

89

कैसा दीवानों का सा शहर है 'लन्डन', यहाँ ज़िन्दगी जैसे रौशनी की रफ़्तार से चलती है। 'लन्डन' की इसी मसरूफ़ियत को बयान करने की कोशिश की है...

ये कैसा शहर है दीवानों का
हर रास्ते, हर मोड़ से
पहचान लगती है पुरानी सी
लेकिन ये राह-गीर सब
अजनबी से लगते हैं

दूर आसमाँ तलक, यूं मुँह जोड़े खड़ी हैं
ये ऊँची ऊँची इमारतें, कुछ काँच की, कुछ ईंटों की
कि हवा भी रस्ता भूले
भटकी फिरे है, हर मोड़, हर कोने पर

और दो जाल से बिछे हैं,
इक ज़मीं तले भूगर्भ में
इस दौड़ती फिरती 'अन्डरग्राउंड' का
और इक शहर की मसरूफ़ गलियों में,
उमंगों का, उम्मीदों का,
और ये लोग मकौड़ों से, चूँटियों से, रात-दिन
इन जालों में घूमते फिरते हैं
बे-ख़बर इस बात से,
कि किस कदर फंसे हैं, ये इन जालों में

90

गुज़र जाता है दिन, निकम्मा सा
अख़बारों के बासे पन्नों, और
किताबों की सख़्त जिल्दों परे मुँह छिपाकर
बिन आदाब, बिन बात किये

और रात निगोड़ी, टुकड़ों में बंटी
कहीं जश्न मनाती फिरे है सड़कों पर
तो कहीं मुंह हांफे, तेवर चढ़ाकर
बैठी रहती है, किसी खिड़की के बाहर

इस शहर में वक़्त भी जैसे
लम्हों की चाल भूल चुका है
रौशनी की रफ़्तार से चलता है!
न वक़्त रुकता है कभी,
न बुझती है रौशनी, न अंधेरा जलता है कभी
हर शख़्स यहाँ जल्दी में है
कि हर किसी को पहुंचना है
कहीं न कहीं, जल्दी में
ये कैसा शहर है दीवानों का ॥

शहर दीवानों का-'लन्डन'

(राह-गीर-राही/travelers)

ज़माना कोई भी हो, देस कोई भी, रिश्ते बुनने वालों की उम्र कुछ भी हो, रिश्तों की आदत वही रहती है। ये रिश्ते क्यूं इतने उलझा करते हैं...

इन रिश्तों को भी दहर से
आदत है निकम्मी सी
युग बदल जाते हैं
और बदल जाते हैं
देस, शहर, ज़ुबानें भी
लेकिन बदलती नहीं ये आदत इनकी

कभी उस तरफ़ के तानों में
गाँठें सी पड़ जाती हैं
कभी इस तरफ़ के दौर में
'हैड़-फ़ोनस' जैसे उलझा करते हैं

ढूंढ़ता रहता है दिल
कि क्या करूँ तरकीब अब?

या तो चोट जज़्बातों के कंघे की
हल्की रखूँ रिश्तों के करघे पर
या रख लूँ थोड़ा सा फ़ासिला
रिश्तों की इन तारों में

तो शायद कम गाँठें पड़ें
शायद कम उलझा करें ।।

रिश्ते-**2**

(दहर-युग/**period of time**, ताना-कपड़ा बुनने का ढ़ाँचा/**threads of a loom**, तरकीब-युक्ति/**tact**, कंघा-**weaver's comb**, करघा-कपड़ा बुनने का यंत्र/**weaver's loom**)

गुलज़ार साहब की शायरी में कितने रंग मिलते हैं, चाँद कितने रंगों में दिखाई देता है। कभी ["रस्ते में रखा तो ठोकर लग जाती है", कभी "आसमाँ में रोटी सा नज़र आता है", कभी "चीनी मट्टी की 'कैटल' सा" दिखता है तो कभी किसी "लड़की की उंगली पर छाले सा"][9] पड़ जाता है। बस धड़कता रहता है उनकी नज़्मों में दिल की तरह, नब्ज़ चलती रहती है इन नज़्मों की, ज़िन्दगी की भी...

लफ़्ज़ो-लुग़त के हाडों पर
रेशा रेशा चढ़ा देता है,
तू अपने ख़यालों के गठीले पठ्ठे
अपनी इन बातों के जोड़ों में,
जज़्ब करके, कितने सोज़ मज़रुबों के
हल्की गाँठे भी धर देता है
फिर गठिये का सा दर्द भी उठता रहता है,
तेरी नज़्मों में,

और ढ़ाँक कर अपनी नर्म सखुन-रस बातों में
गन्दुमी जिस्म का चोला पहनाता है
इन नज़्मों को,
जाने कितनी नींदों की साँसें खेंच कर
फूंक देता है इनके फेफड़ों में,

---

[9] all these are references to lines from Gulzar Sahib's poems

तेरी सोच का ये दरिया, लहू बनकर
किया करता है गर्दिश,
तेरी नज़्मों के जुमलों की रग़ रग़ में
दूर फ़लक से, "दूधिया तारों पे पांव रखता"[10]
चुरा लाता है इस रात के चाँद को,
और इन नज़्मों के सीने में,
दिल माफ़िक धर देता है

फिर तेरे किसी मज़मून की आतिश से
धड़कने लगता है ये चाँद
और इन नज़्मों की नब्ज़ चलने लगती है जैसे
तेरी नज़्में फिर उठ कर काग़ज़ से
साँस भी लेती हैं, धड़कती भी हैं ॥

तेरी नज़्म (गुलज़ार साहब के लिये)

(लुग़ात-भाषा/language, हाड-हड्डी/bone, गठीला-मज़बूत/strong, पठ्ठा-मांसपेशी/muscle, जज़्ब करना-सोख लेना/to absorb, सोज़-दुख/sorrows, मज़रुब-जिस पर चोट पड़ी हो/one who is hurt, गठिया-जोड़ों का रोग/gout, सखुन-रस-बात का मर्म समझने वाला/one who gets the essence or gist, गन्दुमी-गेहुँआ रंग/wheatish complexion, जुमला-वाक्य/sentence, मज़मून-विषय/topic)

---

10 ये फ़िकरा गुलज़ार साहब की नज़्म "काएनात-4" से उठाया है, as published in "रात पश्मीने की" by Rupa & Co. 2002

ज़िन्दगी कभी कभी पैर बाँध कर बैठ जाती है किसी के इंतज़ार में, कि कोई आये तो सफ़र शुरू करें। लेकिन कभी कभी खुद पर यकीन कर के कुछ सफ़र अकेले ही शुरू करने पड़ते हैं...

अहले-हुनर तलाश खुद को
तोड़ अब ये बेड़ियाँ
दे बरीयत दिल को अपने
उम्रे-कफ़स में घुटता है क्यूं
किसी की याद की क़न्दील से
कर रौशन दिल के सबू को
तामस में यूं जलता है क्यूं
आग़ाज़े-सफ़र तुझ ही से है
इंतज़ार किसका करता है तू ॥

तलाश खुद को

(बरीयत-रिहाई/freedom, कफ़स-कैदख़ाना/prison, क़न्दील-लालटेन/
lantern, सबू-घड़ा/pitcher, तामस-अंधेरा/darkness)

96

बचपन की उम्र अक्सर बड़ी बे-ख़याली की रहती है, कोइ फ़िक्र नहीं होती दिल को। बचपन गुज़रा, फिर साँस दर साँस बोझल होती जाती है ज़िन्दगी, दम घुटने लगता है और कमर कुबड़ा जाती है इन साँसों के बोझ तले...

पहली साँस पहनी थी जब लंगोटी सी
तो बड़ी हौली लगी थी ज़िन्दगी
मैं साँस दर साँस पहनता चला गया
और अब उम्र के इस मक़ाम पर
इतना बोझल हो चला है साँसों का ये पैरहन
कि घुटने लगा है दम मेरा
और रूह दब चली है बोझ तले इसके ॥

ज़िन्दगी-1

(लंगोटी-बच्चे का लंगोट/*nappy*, हौली-हल्की/*paper-light*, पैरहन-पहनावा/*costume*)

तूने सोचा तो होगा ऐ ज़िन्दगी
कि तू इतनी गिरह–दार होगी
तो कौन तुझसे उलझेगा
लेकिन जितनी बढ़ती हैं गाँठें तेरी
उलझने का मज़ा भी बढ़ जाता है ॥

ज़िन्दगी–2

ख़्वाब देखना इंसान की फ़ितरत में है, इक ज़रूरत सी भी है, लेकिन ख़्वाब बारहा छोटे पड़ जाया करते हैं इस ज़िन्दगी की हक़ीक़त के कद के आगे...

आदमी साँसों का गज़ लिये
नापता फिरे है
ज़िन्दगी के मायनों के अर्ज़ को, लम्बाई को
मुश्किल बड़ा है लेकिन
और अक्सर ना–मुमकिन भी
कि माप सही बैठता ही नहीं
इस मुई ज़िन्दगी का
हर दूए दिन इसकी हक़ीक़त का
कद कुछ और बढ़ सा जाता है
और ख़्वाबों के बाफ़्ता जामे सब
टकनों से भी छोटे पड़ जाते हैं ॥

ज़िन्दगी–3

(गज़–दरज़ी का लम्बाई नापने का औज़ार/tailor's measuring scale, मायना–मतलब/meaning, अर्ज़–चौड़ाई/width, बाफ़्ता–बुने हुए/woven, जामा–पाजामा/trousers, टकना–ankle)

साँस लेना ज़रूरत भी है आदमी की, आदत भी, इसी ज़रूरत का
फ़ायदा उठाती है ज़िन्दगी...

ज़िन्दगी की गोद में
आदमी इक बच्चे सा, कि पैदा हुआ
और साँस लेने की ये आदत
घुट्टी में पिला देती है ज़िन्दगी
फिर साँस भरता रहता है
और ज़िन्दगी के ख़िराम में
सर्फ़ होता रहता है बस

इयालदारी के झमेलों में
कभी कुछ ख़्वाब बयाने में दे भी जाती है
तो उम्र भर वसूलती है ज़कात को
और कभी बनकर ख़ार ये
इसके ख़्वाबों की चादर में खोंप सी कर जाती है

ता उम्र की जहद बाद भी
असरार अपना देती नहीं ये ज़िन्दगी
दवाम रहती है आदमी की आदत लेकिन

साँसों की ग़र्द में लिबड़ा,
ख़्वाबों के पारचे पहने
चलता रहता है बस

नफ़स भरने की ये जुस्तजू ता उम्र रहती है
किसी को बे-इन्तहा,
तो किसी को ज़रा कम सी रहती है ॥

ज़िन्दगी-4

(घुट्टी में पिलाना-जन्म से आदत डालना/**habit formed at birth**, ख़िराम-चाल/गति/**momentum**, सर्फ़ होना-व्यय होना/**expend**, इयालदारी-गृहस्ती/**family life**, बयाना-पेशगी/**monetary advance**, ज़कात-कर/**tax**, ख़ार-काँटा/**thorn**, जहद-कोशिश/**attempt**, असरार-भेद/**mystery**, दवाम-सदा रहना/**persistent**, पारचे-चीथड़े/**tatters**, नफ़स-साँस/**breath**)

तन्हा शामें कैसे कैसे ख़याल बुनती रहती हैं, अपनी परछांई को भी इक वजूद सा देने की उम्मीद बाँध बैठता है दिल। और इस सूरज को लंगड़ी लगाकर गिराने का मन करता है कि कुछ घड़ी शाम ठहर जाये, ये साया भी ठहर जाये, रूक जाये कुछ और पल, तो इस से ही कोई गुफ़्तगू हो...

सुबह से शाम तलक, यूं पहर–दर–पहर
जमा जमा के पाँव चला करता है
ये सुस्त अँगारा सूरज का
पूरब से पच्छिम की, वही इकहरी सी राह पकड़े
जैसे एक ही 'रूट' दर्ज़ है, 'जी.पी.एस' में इसके

सुबह से शाम तलक, यूं गज़–ब–गज़
बढ़ा करती है मेरे साये की लम्बाई भी
दबे दबे से पैर रखती है
हजूमे–जहाँ में चुप–चाप चलती है
दिन भर मेरी ये परछांई भी
बँधा रहता है मेरे पैरों से
अक़्स इसका, इसकी मौजूदगी
आढ़ी, तिरछी, घबराई सी

दिन ढ़ले जब बुझता है ये गोला सूरज का
तो जल उठती है इक तन्हाई भी

डूबो देता है मेरे साये को ये ग़ुरूब होता सूरज
और गुम सी जाती है
मेरी हमसफ़र परछांई भी

दिल करे है कि इक शाम
इस ठण्डे, बुझते सूरज की राह में
अड़चन कोई ड़ालकर, रोक लूँ इसका रास्ता
बाँध लूँ पैर इसके उस लम्हे में
और अपने साये को भी बाँध लूँ, रोक लूँ

ऐ परछांई मेरी, फिर उस लम्हे में
हो कर मुझसे जुदा तू
बन के सायल कोई सवाल कर
पूछ ले हाले-दिल मेरा
तू ही दे साथ मेरा
बैठ सामने, चल कोई मक़ाल कर ।।

परछांई मेरी

(हजूम-भीड़/crowd, अक़्स-छाया/shadow, ग़ुरूब-अस्त होना/setting (sun),
सायल-प्रश्न पूछने वाला/quiz master, मक़ाल-बातचीत/conversation,
'जी.पी.एस'-G.P.S navigation system)

कैसे कैसे ख़याल उगते रहते हैं सोग में डूबे दिमाग़ में, कि कोई जिस्म पर ज़ख़्म करके ज़हन के ज़ख़्मों को भरने की कोशिश करता है और कभी इस जिस्म के पिंजरे में दम सा घुटने लगता है। इस नज़्म में 'डिपरैशन' (Depression) के इसी रोग को समझने की कोशिश की है...

खुद के ख़याले-ख़बीस ने
किया है क़ैद इक उम्र से इसको
जकड़ लिये हैं ज़हन के हाथ पैर
और ना-गवार ख़यालों का प्रेत ये
दिन रात इसके ज़हन में,
कीलें सी ठोकता रहता है
ना दर्द ठहरता है, ना ये हल्ला सा बंद होता है

और जब ख़ार इन दर्दों के
दिल में ज़ख़्म करते हैं, ज़हन को छलनी करते हैं
तो दिल की ज़िमाद को
नाखूनों से कुरेद लेता है
ये जिस्म को,

इसके जिस्म की बही पर
तेरी सब ज़र्दें फ़र्द हैं,
ऐ ज़िन्दगी

ये भी कभी सब्ज़ था
पर अस्र से तेरी कुतरन ने
किया है ठूँठ इसको

अब तेरी गिरफ़्त में
इसका दम सा घुटने लगा है
तो टका सी जान ये
फिरे है टोह में
कि मिले कोई तीमार तो
इस नब्ज़े-इल्लत का
कहते हैं जिसको ज़िन्दगी ॥

सोज़ीदा जान

(ख़बीस-प्रेत/ghost, ना-गवार-अप्रिय/unpleasant, ज़िमाद-मरहम/dressing, बही-हिसाब लिखने की किताब/account book, ज़र्दें-चोटें/wounds, फ़र्द-काग़ज़ पर लिखा हिसाब/accounted, अस्र-लम्बा समय/long time, ठूँठ-बिन पत्तों का पेड़/leafless tree or stub, टका सी जान-अकेली जान/lonely, टोह-खोज/search, तीमार-इलाज/treatment, इल्लत-रोग/disease)

इस नज़्म में 'डिमेन्शिया' (Dementia) के इक मरीज़ का हाले-दिल समझने की कोशिश की है। कैसा रोग है दिमाग़ का, खुद की पहचान भी ख़त्म सी कर देता है। जाने क्या छिपा रहता है उन धुंधली यादों, उन भटके ख़यालों के परे...

मैं इक बासी ज़ईफ़ जिस्म हूँ
मान्दा सा, उम्र की माठ में झुलसा हुआ
ज़हन के खीसे की सिलाई भी
उधड़ चली है अब
और ये यादें सारी ज़नाज़न
फिसल गयी हैं सिक्कों सी, इस खीसे से
नाम, पते, तवारीखें, और खुद अपनी अलामत भी
अब याद नहीं मुझको
बस इक फ़साद सा रहता है दिमाग़ में,

हक़ीक़त और ख़्वाब के दरमियानी
सब पुश्ते उखड़ चले हैं इस फ़साद में
रूह लेकिन बैठी है अब भी,
कुबड़ा गयी है, पर
उम्र के बारूद में धज्जियाँ इसकी उड़ी नहीं

रात की घिनौनी तन्हाई में
जाने किसे बुलाती है झिरझिरी आवाज़ में
कहना तो चाहती है कुछ
पर हलक़ और ज़ुबान के बीच का ये रास्ता
अक्सर भूल जाते हैं, बूढ़े से अलफ़ाज़ इसके
बस बद-हबास, भटके से
आँखों से गिरा करते हैं ॥

सब यादें फ़ौत हुई

(ज़ईफ़-बूढ़ा/old, मान्दा-थका हुआ/tired, माठ-भट्टा/oven, खीसा-जेब/pocket, ज़नाज़न-जल्दी से/quickly, अलामत-पहचान/identity, पुश्ता-पानी रोकने की ऊँची मेड़/small embankment, झिरझिरी-अस्पष्ट आवाज़/unclear mumble, हलक़-गला/throat, बद-हबास-परेशान/confused)

शख़्सीयतों की कोई उम्र नहीं होती, कुछ शख़्सीयतें ज़हन पर मुस्तक़िल 'इमेज' छोड़ जाती हैं। ये नज़्म एक नन्हे से फ़रिश्ते की याद में लिखी थी, जिसे 'ल्युकिमिया' (leukaemia) की बीमारी भी हरा न पायी। आख़िरी लम्हे तक वही रौशनी भरी रही आँखों में, वही हंसी रखी रही होठों पर...

ढाई तीन फुट का हौला सा ढ़ाँचा
पीत रंग जमा था चेहरे पर
जैसे ख़िज़ाँ का मौसम
बह रहा था उसकी नस नस में

छिदा हुआ था बदन
जगह जगह से, उन सुइयों से
लेकिन हंसी होठों की,
न छिदी, न कटी थी

और आँखों तले
काली गहरी रात सी थी छाइयाँ
लेकिन, आँखों में इतनी मस्ती
इतना अँजोर भरे फिरता था
जैसे रात की उन खोखली छाइयों पर
लौ भरे दो आँखों के चाँद टिका रखे हों

उस 'कैंसर वार्ड' के गहरे काले कूचों में
दौड़ता फिरता था, लहरों सा यूं
जैसे 'काली गंडकी' वादी[11] में
'गंडकी' का ठण्डा शीतल दरिया बहा करता है

खोल कर बाँहें मिला करता था
ऐसे छिड़क देता था अपनी हंसी
हर तरफ़ कमरे में,
जैसे भर कर 'पेन्ट' में 'ब्रश' छिड़क दे कोई
कितने रंगों के छपाके पड़े रहते थे
दिन दिन भर, ज़हन पर

चार ही बरस का तो था
जिसे 'ल्यूकिमिया' की मोहर लगा कर
ज़िन्दगी कल तूने
'टर्मिनल' क़रार किया था ॥

चार ही बरस का था

(पीत-पीला/pale yellow, ख़िज़ाँ-पतझड़/autumn, अँजोर-ऊजाला/glow)

---

[11] Reference to 'Kali Gandaki Valley' in Nepal-considered to be the deepest gorge on Earth, Gandaki River flows at the bottom of this valley.

इंसान यादें बनाता है या इंसान की ये यादें इसे बनाती हैं, 'डिफ़ाईन' (define) करती हैं। अक्सर ख़ामोश सा हिस्सा बन कर साथ चलती रहती हैं, बस जब तक ये साथ हैं कोई इतना तन्हा भी नहीं। इन यादों के दाम उनसे पूछो जिनकी यादें खो जाती हैं...

इन यादों का कोई ढ़ब नहीं, रंग नहीं
न ये सख़्त जान हैं हाडों सी
और न ये जिस्म की नस नस में
गर्म लहू सी बहती हैं
बस ख़ामोश चुप-चाप सी
मग़ज़ में सोयी रहती हैं,
इन 'न्यूरौन्स' के घरौंदों में

कभी कुछ सर्द लम्हों में
इक ताब सी अन्दर रखतीं हैं
और कभी ज़हन के इन जोड़ों में,
सोज़िश भी कर देती हैं
हल्का हल्का दर्द सा उठता रहता है

कभी कभी तन्हाई में, जब याद कोई
हल्क़ी सी करवट लेते लेते
माँदी सी, सुस्तायी सी
ठप से गिर जाया करती है

तो इस आहट से, इस खुटके से
दिमाग़ की रग़ रग़ में
ये यादें उठ कर दौड़ने लगती हैं

फिर ऐसी तन्हा रातों को
आसमान के 'पोस्टर' पर
इन तारों के झुरमट में
कुछ चेहरे तैरते फिरते हैं

कभी लबों पर इक हंसी सी फूट जाती है
और कभी इन आँखों के कासे से
मेरे अंदर का ये सारा खारा
झड़ जाया करता है ॥

यादें

(ढ़ब-प्रकार/shape, हाड-हड्डी/bone, मग़ज़-दिमाग़/brain, ताब-गरमी/warmth, सोज़िश-सूजन/swelling or inflammation, माँदी-थकी हुई/tired, कासा-कटोरा/bowl)

किसी ने पूछा था कि ये किस रूह की बातें किया करते हो, क्या है ये रुह? कौन है?

रुह या 'सोल' (soul) का ये 'कोनसेप्ट' 'वेस्टर्न कलचर' में भी रहता है। इन कुछ नज़्मों में रुह से मुतअल्लिक सवाल जवाब किये हैं ...

रूह क्या है?
ज़हन का मिरात है, या साया है इसका?

कभी ये सद सी खड़ी रहती है
ज़हन के दरमियान
जो दिन के उजाले में
बदीह और मख़फ़ी अक़सात इसके
तक़सीम किये रखती है
और कभी दर्ज़न सी
रात की तारीकी में
फटे हुए इन टुकड़ों को
ख़यालों के कच्चे से टाँके लगाकर
पैवस्ता कर देती है ॥

रूह–1

(मिरात–आइना/mirror, साया–परछाई/shadow, सद–दीवार/wall, बदीह–ज़ाहिर/expressed, मख़फ़ी–छिपे हुए/un-expressed, अक़सात–टुकड़े/pieces, तक़सीम–बाँटना/divide, दर्ज़न–कपड़े सिलने वाली/seamstress, तारीकी–अंधेरा/darkness, पैवस्ता–साथ में जुड़ा/joined together)

मख़मली सी ओढ़नी है रूह
मेरे वज़ूह हर ख़याल की
लबों तले बैठी रहती है
करती है गुफ़्तगू ख़ामोश सी
रात भर बेचैनी की जब लेता हूँ करवटें
तो ज़हन की हर सिलवट में
पिन्हाँ भी है, अफ़शाँ भी तू

कहतें हैं लोग,
अपने राह-रसम कुछ भी हों लेकिन
मैं तुझको कभी छू सकता नहीं
नादान हैं, जानते नहीं
कि छूता हूँ जब भी किसी को मैं
तो दरमियान तेरा ही लम्स रहता है ॥

रूह-2

(वज़ूह-ज़ाहिर/**expressed**, पिन्हाँ-छिपी हुई/**masked**, अफ़शाँ-छिड़की हुई/**sprinkled**, राह-रसम-रिश्ता/**relation**, लम्स-स्पर्श/**touch**)

ज़िन्दगी की तपिश में दिन-ब-दिन बढ़ती जाती है इक प्यास सी,
इस रुह को भी प्यास लगती है क्या?

दो घड़ी, दो घड़ी बस बैठ लूँ
फोड़ लूँ ये ग़ल्ला ज़हन का
गुज़रे लम्हों के कुछ सिक्के टटोल लूँ
मुश्त-भर गर्द यादों की
रखी है संभाल कर, सोने के बालू सी
धूप पड़ती है सफ़र में जब,
तो चमका करती है
इक आस सी अफ़शाँ रहती है

पैरों के तलवों में
दर्द के रोड़े से जम गये हैं अब
चलते फिरते रिड़कते रहते हैं
सोचता हूँ कब, कैसे इतने उलझ गये
ग़ौर रखी भी बहुत, लेकिन
जाने कैसे इतनी गाँठें पड़ी हैं
रिश्तों के इन सूतों में

थक गया हूँ अब,
ज़िन्दगी का ये सहरा अछोरा सा
राह देता ही नहीं
जिस्म की क्या बात करूँ

रूह भी अब बद-हवास
प्यासी सी तड़पे है सीने में

दो घड़ी, दो घड़ी बस बैठ लूँ
दर्द रिड़केगा कोई, कुछ अश्क़ टपकेंगे
भर के अँजल पिला दूँगा फिर
इस प्यासी सी रूह को ॥

प्यासी रूह

(मुश्त-भर-मुठ्ठी भर/*fistful*, सोने का बालू-सोने का चूरा/*gold-dust*, सहरा-
रेगिस्तान/*desert*, अछोरा-बिना हदों का/*boundless*, बद-हवास-परेशान/
stupefied, अँजल-हथेली भर/*palmful*)

ज़िन्दगी का पायाँ कहाँ ख़त्म होता है
कहाँ ये रूह को कज़ा के सुपुर्द करती है
उम्र भर तोलता है ज़माना ये
अजब–सबाब के पलड़ों में
और दुनिया से फ़ौत हो कर भी
दोज़ख़–जन्नत के झमेले हैं

उस आखिरी लम्हे में, बुझती हुई आँखों से
कैसा दिखता होगा मौत का लुनेरा वो?
क्या आग भरी आँखें लिये 'जम'[12]
काले भैंसे पे सवार आता है?
या हाडों का इक ढ़ाँचा सा, कुलाह ओढ़े[13]
थामे इक बड़ी दराँती चलता है?
जो जिस्मों की फ़सलें काटकर
दाने रूह के अपनी झोली में धर लेता है

फूँक आते हैं जिस्मों के फूस फिर
या दफ़्न कर दिये जाते हैं
मट्टी तले ताबूतों में

---

[12] 'Yama'-The Hindu God of Death

[13] reference to Angel of Death/Reaper in Christian Religion

कि मट्टी का घड़ा थी देह
मट्टी में मिल गयी

जिस्म की ये कच्ची स्याही तो
मिट जाती है, वक़्त के वरकों से
लेकिन, दाने ये रूह के कभी ख़ाक होते नहीं
फिर पनपते हैं, फिर से पैदा होते हैं
नये जिस्मों के चोले पहन कर शायद ॥

रूह—3

(पायाँ-हद/boundary, कज़ा-मौत/death, अजब-सबाब-पाप-पुण्य/sin & virtue, फ़ौत-मिटकर/to end, दोज़ख़-जन्नत-नर्क-स्वर्ग/Hell & Heaven, कुलाह-एक तरह की टोपी/hood, लुनेरा-फ़सल काटने वाला/reaper, ताबूत-कफ़न/ coffin, चोले-कपड़े/clothes)

अक्सर चलते चलते थक जाता हूँ तो हाथ फैला लिया करता हूँ
ज़िन्दगी के आगे, आराम के दो चार पल उधार मांग लेता हूँ...

जिस्म की जर तहें उतार लूँ
बस दो चार पल दे मुझे ज़िन्दगी
थकौंहा रूह की कुछ शिक़न उतार लूँ

याद नहीं अब उम्र की लम्बाइयाँ
आसमाँ ने धूप छिड़की है मुद्दत में
अब उम्र के साये का कद तो नाप लूँ

कब से चुका रहा हूँ तेरे कर्ज़ को
पल भर को अपना सियाहा खोल तो
कुछ सूद और असल का हिसाब लूँ

उधड़ सी चली है हंसी होठों की
किसी की याद के धागों से फिर
इसको रफ़ू करूँ, कुछ सवार लूँ

बस दो चार पल दे मुझे ज़िन्दगी
थकौंहा रूह की कुछ शिक़न उतार लूँ ॥

थकौंहा रूह

(जर-पुरानी/old, थकौंहा-थकी हुई/tired, सियाहा-हिसाब लिखने की किताब/
account book, रफ़ू-फटे कपड़े को संवारने का काम/darning)

ग़ज़लें

1.

क़त्ल हो चुका हूँ पर साँस चल रही है
ये नब्ज़ जिस्म पहने चुपचाप चल रही है

देखता हूँ मुड़ मुड़ कर किसको हर घड़ी मैं
मेरे साये की ही पीछे धूल उड़ रही है

कह के यूं सहरा मुझको दूर से न जाओ
इक उम्मीदे-आबे-बाराँ आँखों में जल रही है

ज़िन्दगी की गिरहों में चंद राज़ छिपाये थे
सुना है आज इसकी हर गाँठ खुल रही है

दस्तूरे-शहर ने तेरे रखा है चुप मुझको
इक बात जलती ज़ुबाँ पे कबसे पिघल रही है

अब रास्ते भी मेरे थक गये हैं चलते चलते
ता उम्र से मेरी मंज़िल मेरे आगे चल रही है

(सहरा-रेगिस्ताँ/desert, आबे-बाराँ/बारिश का पानी/rainwater, गिरह-गाँठ/
knot)

२.

कभी तो ऐ वक़्त यूं भी आया करो
कोई गुज़री खुशबू समेट लाया करो

याद करने की जो गुज़ारिश नहीं करता
यूं तो न उस शख़्स को भुलाया करो

बस दिया करे है जवाब मेरी बातों का
कुछ तो हाले-दिल अपना सुनाया करो

मेरी मुठ्ठी में यार मेरे चाँद तारे नहीं हैं
बस दिल की दुआयें सारी ले जाया करो

ग़म तो ख़ैर जहाँ में सबके हमसफ़र हैं
फिर भी मिलो कभी तो मुस्कुराया करो

3.

ज़िन्दा तो हूँ बरसों से पर ज़िन्दगी कहाँ है
जो क़रार दे दिल को वो दिल का मकीं कहाँ है

प्यार मिला तो बहुत है पर जी नहीं ये भरता
रूहे-सबू में तेरी खुशबू अभी भरी कहाँ है

दर्द रिड़के है आँखों में पर अश्क़ नहीं ढ़लते
ग़र्द ख़्वाबों की पलकों से अभी झड़ी कहाँ है

घर गारे का गल चला है पर दिल वहीं मकीं है
तेरी चाहत की धूप आँगन से अभी उठी कहाँ है

दिल राख हुआ लेकिन करता है अब भी शिकवे
सिफ़र हो कर भी इसकी ये आदत बुझी कहाँ है

(मकीं-मकान में रहने वाला/resident, सबू-घड़ा/pot, ग़र्द-धूल/dust, सिफ़र होना-
खत्म होना/to end)

122

4.

हादसे गुज़रे हैं इतने इस जान को
अब होता है जो हाल दिल का होने दो

थक गया हूँ मुद्दतों से जलते जलते
दिले-चिराग़ आँधियों के हवाले होने दो

बे-वक़्त ही छुड़ा के हाथ जो चल दिया
दो चार पल तो कर के याद रोने दो

जागकर उधड़ी हैं रातें सब अमावस की
आज चाँद पूरा है आसमाँ में, सोने दो

मजबूरियाँ निहाँ न कुरेदो मेरे दिल की
राख इनको भी मेरे साथ जल के होने दो

(निहाँ-छिपी हुई/hidden)

5.

कहीं तबस्सुम कहीं ये अश्क़ों में जी मर रही है
हज़ार सदियों से ज़िन्दगी अजब तमाशे कर रही है

लम्हा लम्हा ग़र्द साँसों की चढ़ी जाती है मुझपर
परत परत ज़िन्दगी लेकिन जिस्म से उतर रही है

जज़्बात की स्याही से जोड़े तो हैं अलफ़ाज़ कुछ
लफ़्ज़-बा-लफ़्ज़ लेकिन तेरी सूरत उभर रही है

इन मज़ारों की तहों में बंद हुए हैं कितने किस्से
शोरे-सबा में सुन ज़रा, हर कहानी गुज़र रही है

छिपा पायेगा कब तक अपनी साँसों के ये सिक्के
हर घड़ी कज़ा की ऐ नादान इन पर नज़र रही है

(तबस्सुम-हंसी/smile, मज़ार-कब्र/grave, सबा-हवा/wind, कज़ा-मौत/death)

6.

फिर जला था ज़िन्दगी का पज़ावा कल इस तरह
फिर चुपचाप नये सांचे में गया मैं ढ़ल इस तरह

यूं हक़ीक़तों से बंध चले हैं मेरे तमाम सराब अब
सहरा भी समन्दर भी ज़हन में मुसलसल इस तरह

शबो-रोज़ भरे है रंग नये कोई मेरी तस्वीर में
रोज़ सूरत-ओ-सीरत मेरी जाये है बदल इस तरह

उलझ जाये है फिर हाथों की लकीर कोई रात में
पड़ जाये है दिन की डोर में नया बल इस तरह

शहरे-ग़रीबाँ में ज़हन के, ख़याल किसके बसे हैं अब
अजनबी सा दिखा मैं, हुआ खुद पे मुफ़स्सल इस तरह

फ़र्दन फ़र्दन छिड़क दिये, तास्सुफ़ कितने वजूद पर
सर्फ़ हुआ है अक़्स मेरा पिघल पिघल इस तरह ।।

(पज़ावा-भट्टा/kiln, सराब-मृगतृश्णा/mirage, मुसलसल-लगातार/in sequence (like in a chain), शहरे-ग़रीबाँ-अजनबी लोगों का शहर/city of strangers, मुफ़स्सल-स्पष्ट/expressed clearly, फ़र्दन फ़र्दन-एक एक कर के/one by one, तास्सुफ़-दुख/sorrows, सर्फ़-फिज़ूल व्यय/spent in vain)

7.

जाड़े की ठिरती सी रातों में
बैठा है दिल को जलाये कौन

आधे अधूरे ये कच्चे से रिश्ते
उम्रों के चूल्हे में पकाये कौन

हींग की डलियाँ ज़माने की बातें
शहद ज़ुबाँ को अब चटाये कौन

आँगन में छिड़की है धूप सुनहरी
इन उम्रों के नापे है साये कौन

भारी बोझल ख़्वाबों की गठरी
टूटी कमर अब उठाये कौन

४.

इमरोज़ के इन रिश्तों को रख ले कहीं संभालकर
कल न जाने वक़्त पलटे किधर, कैसे ज़माने मिलें

कुछ फ़ना से, इश्क़ से, कुछ खुद से अनजाने यहाँ
उम्र के मुसाफ़िर को, जाने कितने दीवाने मिलें

ताज़े ताज़े लम्हों का तुझको चसका सा रहता है
तरसेगा कल माज़ी के कुछ लम्हे बासे पुराने मिलें

कहीं अक़्ल के शहर हैं, कहीं ख़्वाबों की बस्तियाँ
ढूंढ़ता रहता है दिल, कहीं क़ैफ़ियत के वीराने मिलें

ज़हन के शहर गिर्द कर ली है पक़्की फ़सील सी
कि यादों के बंजारों को मुस्तक़िल ठिकाने मिलें

क़त्ल कर के चाँद का आयी थी रात अमावस की
अब देख दिल को तेरे सोग के कितने बहाने मिलें

(इमरोज़–आज का दिन/present day, फ़ना–मौत/death, माज़ी–गया वक़्त/past, कैफ़ियत–नशा/intoxication, फ़सील–चार दीवारी/boundary wall, मुस्तक़िल–स्थायी/stable, सोग–दुख/grief)

९.

दिन चढ़ा जाड़े का ओढ़े कोहरा धुँधला सा
अम्मी की आँखों का नम पैग़ाम लगता है

नटनी सी नाचे है आँगन में धूप दोपहरी की
नशे में बहका हुआ इसका गाम लगता है

शाम की मुठ्ठी से छूटी है डली सूरज की
डूबा तो समन्दर कैसा लाला-फ़ाम लगता है

रात के दुपट्टे को गोटा लगा है तारों का
फिर किसी दीवाने के हाथों का काम लगता है

(जाड़ा-सरदी का मौसम/winter, नटनी-नाचने वाली/dancer, गाम-पाँव/foot, लाला-फ़ाम-सुर्ख़ लाल रंग का/deep red, crimson)

10.

इल्तजा की है उनसे बहुत बार
कभी कर इबादत, वो आ जाये शायद

किस कदर खोया है इंतज़ार में
ज़रा सा संभल जा, वो आ जाये शायद

असर उल्टा होता है बातों में अक्सर
भूलने की छेड़ बात, वो आ जाये शायद

शरमाता न हो कहीं वो चाँदनी से
चुरा ले शब का चाँद, वो आ जाये शायद

बहुत पढ़े कलमे यादों में उसकी
बुला तो कभी नाम, वो आ जाये शायद

(इल्तजा-प्रार्थना/request, इबादत-उपासना/worship)

11.

ऐ ज़िन्दगी तेरा लिखा कोई पैग़ाम लगता है
लहू की सुर्ख़ स्याही से किया पैमान लगता है

नींद उड़ी है रात की, लापता हैं ख़्वाब सब
जलती इन्सानियत पे अर्श भी हैरान लगता है

चाँद तारे आसमाँ के बादल चुरा के ले गये
मेरी ज़िन्दगी जैसा ही खाली सा जाम लगता है

फिर भटकी फिरे है शहर में आँधी दहशत की
इल्ज़ाम इसका देखो किस मज़हब के नाम लगता है

(पैग़ाम-संदेश/message, पैमान-वचन/promise)

12.

यूं रूहों पे जिस्मों के छाल चढ़े होते हैं
इन हल्के दाग़ों तले ज़ख़्म गहरे होते हैं

नफ़रत के शोलों से जो जलाते थे बस्तियाँ
वो बैठे आज अपने ही घर—बार को रोते हैं

हक़ीक़त के पज़ावे में जो जलते नहीं नादान
ख़्वाब अक्सर उनके कच्चे घड़ों से होते हैं

कुछ फिरते हैं ऊँचे महलों में बेचैन शब—भर
कुछ लोग सड़क किनारे सुकून ओढ़े सोते हैं

इक रब्त के पुश्ते से बाँधे थे दर्द कितने
टूटा तो ये दर्द सारे अब मुझको डूबोते हैं

(छाल-पेड़ की छाल/tree bark, दाग़-चोट का निशान/scar, पज़ावा-भट्टी/clay
stove, रब्त-रिश्ता/relationship, पुश्ता-पानी रोकने की ऊँची मेड़/small
embankment)

13.

तेरे हुस्ने-बीं को न लफ़्ज़ो-ज़ुबाँ रही
जो रही तो बस हैरत-ओ-हैरानगी रही

मुक़ारबत का तेरी चखा जो ज़ायका
हर लुत्फ़ से ज़मीं के फिर बेगानगी रही

सुना था इश्क़ बाइस बढ़ती है बेक़रारी
तेरे इश्क़ मगर इस दिल को आसूदगी रही

सूरतों की उलझन में दीवाना हुआ ज़माना
तेरा इक महज तसव्वुर न दीवानगी रही

(बीं-देखने वाला/observer, मुक़ारबत-पास होना/intimacy, बाइस-कारण/due to, आसूदगी-चैन/tranquility)

14.

बातों के कायदों में उलझा है सारा आलम
काश सदा–ए–दिल कोई किसी दिल को पहुँचे

ज़हराब तमन्ना का यूं भरा है नस नस में
काश कोइ आहट सुकूँ की धड़कनों को पहुँचे

गिराना मुझे ऐ ज़माने आसाँ बहुत है लेकिन
काश कभी तू ही मुझे संभालने को पहुँचे

ख़्वाब हर मोहब्बत का ताजमहल नहीं होता
काश अदना सा आशियाँ भी तामीर को पहुँचे

मसलहत के दायरों में बेक़रार बैठे हैं कितने
काश जामे–बेखुदी कोई इनके लबों को पहुँचे

पेचीदा सी करता है बातें ये दिल दीवाना
काश बात खुलकर कोई मेरी ज़ुबाँ को पहुँचे

(ज़हराब–ज़हरीला पानी/poisoned water, अदना–छोटा/small, तामीर–मकान बनाने का काम/house construction, मसलहत–उचित बात/righteousness, बे–खुदी–बे–ख़बरी/obliviousness, पेचीदा–उलझी हुई/complicated)

15.

बौना सा दिन उगता है फिर आँगन में
जाग कर जब फ़सल रात की कटती है

रोज़ सुबह चिड़ियाँ चोगा चुगने आती हैं
दो घड़ी बैठ कर मुझसे बातें करती हैं

मेरी मुठ्ठी में वो बात, वो फ़ुसूँ कहाँ
चूरी तो तेरे हाथों ही मीठी कुटती है

बरद में निकली धूप ये पल दो पल की
नानी की बातों सी अच्छी लगती है

शाम पड़े जब घुले है ड़ली सूरज की
आसमाँ की मांग भरी सी लगती है

जब तन्हाई की उंगली पकड़े चलता हूँ
तो सांझ भी जैसे घुटनों पे घिसटती है

(फ़ुसूँ-जादू/magic, बरद-सर्दी का मौसम/winter)

16.

ज़िन्दगी तेरे खेल में तुझे मात दे कर आया हूँ
गये मोड़ उलझने को अपना साया छोड़ आया हूँ

लम्हों की स्याही से लिखती है क्या तू वक़्त पर
ज़िन्दगी तेरी टोह को तेरे वरक़े चुरा के लाया हूँ

अर्श से भी, ज़र्रों से भी दिल के रब्त पुख़्ता हैं
गिरता पड़ता ज़माने तेरे सब खेल सीख आया हूँ

बैठा लम्बी राहों पर छानता हूँ रेत यादों की
याद नहीं कब, कहाँ सब मंज़िलें छोड़ आया हूँ

बन शमा जला भी मैं, बुझ कर धुँआ हुआ भी हूँ
अब तो कर दे राख मुझको सब कुछ खो आया हूँ

(टोह-खोज/search, वरक़े-पन्ने/pages, रब्त-बंधन/relationship, पुख़्ता-पक्का,
मज़बूत/strong)

17.

नफ़स भरना, धड़कना जिस्म की आदत सी है
इस रूह की औक़ात में ये चोचले रहते नहीं

रंगत लहू की इक दर्द ने इस कदर सोख़ ली
ज़ख़्म रिसते तो हैं मगर दाग़ अब पड़ते नहीं

वक़्त की दुकान में उम्रों से सौदे हैं होते रहे
कुछ बिके, बेचे गये, कुछ ऐसे भी हैं बिकते नहीं

वक़्त की इस रेत से कुछ यादें रख ले संभालकर
ये लम्हे फिसलें मुठ्ठी से, फिर कभी मिलते नहीं

कुछ दर्द आँखों के रास्ते आँसुओं में बह गये
इक टीस यूं झड़ी सूखकर छपके कहीं दिखते नहीं

(नफ़स–सांस/breath, टीस–दर्द/pain, छपका–छींटा/splash)

18.

तेरे ख़ता-ओ-जुर्म का कैसे मैं मुनसिफ़ बनूँ
अपनी ही ख़ामियों को तलाशता हूँ मैं अभी

ज़िन्दगी तूने मुझे मैंने तुझे दिया है क्या
दोनो के ही हिसाब में कुछ कर्ज़ बाकी हैं अभी

ज़हन के ढंडार में तन्हाई का ख़ला सा है
रिश्तों की झड़ लगी है पर भरता नहीं है कभी

ज़िन्दगी के इल्म को ज़हन कुरेदे है कोई ही
यहाँ जीने के नाम को तो ख़ैर जीते हैं सभी

(मुनसिफ़-इंसाफ करने वाला/judge, ढंडार-बडा और सुनसान घर/empty
mansion)

19.

जादू भी है, दग़ल भी, हैरत की अदा भी
ऐ वक़्त तेरी चाल में हुनर क्या क्या नहीं

रिश्तों के पैरों में रस्मों की पड़ी हैं बेड़ियाँ
नख़-बंधी पतंगों को परिन्दों सा हौसला नहीं

उम्र के चेहरे पर यादों की छपी हैं मोहरें
यादों के इन सिक्कों का दाम कभी लगता नहीं

ज़िन्दगी के पलड़ों में ग़म भी हैं, खुशियाँ भी
लेकिन इस तकड़ी का तवाज़ुन सही लगता नहीं

बाँध रखा है कलाई पर लम्हों की मीयादों को
पर वक़्त के तसलसुल को तू बाँध सकता नहीं

(नख़-पतंग की ड़ोर/*thread of a kite*, तवाज़ुन-संतुलन/*balance*, तसलसुल-
सिलसिला/*continuum*)

20.

फिर उठा है धुँआ उस दिल जले के सीने से
फिर गिरी है मोहब्बत ऐतबार के ज़ीने से

धुंधली सी आँखें लिये खड़ा है साहिल पर
कि दे तो हाँक कोई उस जाते हुए सफ़ीने से

ख़्वाबों के दाम तेरे महंगे बड़े हैं ज़िन्दगी
कुछ भी तो बचता नहीं मेरे इस रोज़ीने से

हरी घास आँगन की बालीन तेरे ज़ानों का
बेहतर हैं दिल को हर मख़मली पश्मीने से

लाख बहाने पीने के बिखरे हैं चौख़ट पर
मयकदे के जामों में कब डूबे हैं ग़म पीने से

दर्द की आँधी ने लूटा रिश्तों के दरख़्त को
उम्र से सींचा था इसे चाहतों के पसीने से

(ज़ीना-सीढ़ी/**ladder**, हाँक-आवाज़/**call out**, सफ़ीना-कश्ती/**boat**, रोज़ीना-एक
दिन की मजदूरी/**day's wages**, बालीन-तकिया/**pillow**)

21.

ऐसा बिगड़ा है ज़ायका ज़माने की खारी बातों से
अब शहद कोई चटाता है मुंह कड़वा कड़वा रहता है

रिश्तों के बीज बोये थे उग आये हैं दर्दों के बूटे भी
दिल अक्सर अब इस लाँक में खुशियाँ छाँटता रहता है

रात अक्सर नींद में चखा जाती है ख़्वाबों की चाशनी
हक़ीक़त का दिन चढ़ता है मुँह चिपका चिपका रहता है

जब कभी दिल दीवाने ने खोला यादों का संदूक वो
उन पुराने ख़तों की खुशबू से घर महका महका रहता है

ये दर्द तो पक्के धागे हैं इन ज़ख़्मों की सिलाई को
दे बख़िया इनसे रूह को क्यूं शिकवे करता रहता है

(ज़ायका-स्वाद/taste, लाँक-कटी हुई फ़सल का ढ़ेर/harvest, बख़िया-दोहरा टाँका/strong stitch)

22.

बस ये ख़ार कि वो शख़्स बहुत दूर निकल गया
नहे-चश्म मेरे अंदर का आबे-शूर निकल गया

ग़मे-दौराँ, ग़मे-हस्ती, ग़मे-यार, क्या क्या जला
तन्नूरे-ज़हन की ताब मेरा वजूद पिघल गया

कुछ ऐसे कस के जकड़ीं मुठ्ठी में लकीरें हमने
मुश्ते-ख़ाक़ होकर नसीब हाथों फिसल गया

हवा में उड़ रही थी यूं मशामे-यार चारसू
इकहरी साँस में मैं कुरए-बाद निग़ल गया

मसीहा का वक़्ते-आमद तय था सपीदे-सहर
बस आख़िरे-शब बीमार का दम निकल गया

नाज़िम से पूछ लेता नोके-क़लम की काट को
बे-फ़ैज़ सैफ़-ए-बंदगी में तेरा दिन निकल गया ॥

(नहे-चश्म-आँखों के रास्ते, आबे-शूर-खारा पानी, मशामे-यार-प्रेमी की खुशबू, कुरए-बाद-सारी हवा या वायु-मंडल/atmosphere, सपीदे-सहर-सुबह की पहली किरण, आख़िरे-शब-रात का अंतिम लम्हा, नाज़िम-लेखक/कवि, बे-फ़ैज़-फिजूल, सैफ़-तलवार)

त्रिवेणी

त्रिवेणी संगम में कुंभ के मेले पर लोग जिस्म और ज़िन्दगी के दुखों से निजात पाने को डुबकी लगाते हैं, अब 'मेडिसीनल पावर' (medicinal power) पर तो कमेंट नहीं करूँगा, विश्वास की बात है, इसी यकीन से गुलज़ार साहब की त्रिवेणी में कुछ ख़यालों को डुबकी लगवा दी...

कुछ ख़याल अधूरे से, ज़हन की अटरी पर
आधे चाँद से लटक रहे थे
कुछ अध–मरे से,
घुटनों के बल घिसट रहे थे आँगन में

तेरी त्रिवेणी संगम किनारे
उतरा इस आधे चाँद का छाँवा
तो पूर पड़ी है इस चाँद को

और इन ख़यालों ने जो लगायी डुबकी
तेरी त्रिवेणी में,
तो ये ख़याल उठ के चलने लगे हैं सब
दौड़ते फिरते हैं अब,
आँगन में बच्चों से ।।

गुलज़ार साहब की त्रिवेणी

1.

ज़िन्दगी बिछी है शतरंज सी
और मैं मोहरा भी, खिलाड़ी भी

बाज़ी वक़्त से जीती कभी, हारी भी ॥

2.

कोहरा आँखों में छिपा है कहीं
किसने रखा वहाँ मुझे याद नहीं

ज़िन्दगी ने? वक़्त ने? किसी की तो चाल है ॥

3.

वक़्त ने चुरा लिये रिश्ते अबरेशम के
अब काँच की गाँठें हैं, सूत भी हैं काँच के

खोलते खोलते छिल चले मेरे बुनान सब ॥

(अबरेशम-रेशम का कोया/*silk cocoon*, बुनान-उंगलियों के सिरे/*finger tips*)

4.

तब मिले थे तो जाड़े के कोहरे में
जब बिछड़े तो अश्क़े-बरसात रही

अब के आना पहन कर पीली धूप तू ॥

5.

खामोशी की सुई में पिरो के धागे यादों के
करता हूँ रफ़ू चाक इस उधड़ी हुई शाम के

फिर गिरी तेरी याद की अटेरन, दिल के बक्से से ।।

(अटेरन-रील/चरखी/spool)

6.

ऐ शाम चल न आज छेड़ बोल कोई
पुरानी बातों की गठड़ी खोल कोई

मुद्दत हुई है आँखों को नम किये हुए ॥

7.

दिन गया, शाम ढ़ली, अब रात पहरा देती है
आँगन में दो कुर्सियाँ मुंह जोड़े अब भी बैठी हैं

याद है कल शाम कैसे घंटों की थीं बातें फिर ॥

8.

इस वक़्त की जड़ों को निचोड़ ले आज फिर
कुछ गुज़रे हुए लम्हों का छान ले उरूक़ फिर

यादों की अक्सीर से रोग दिल के मिट जायें शायद ॥

(उरूक़-रस/juice, अक्सीर-रोग को जल्दी खत्म करने की दवा/fast-acting medicine)

9.

साबुन के पानी से बना कर बुलबुले
उड़ाते थे हवा में मस्त बच्चे गलियों में

काश मिलती खुशियाँ भी इस साबुन के पानी सी ॥

10.

कुछ शोले, कुछ चिंगारियाँ अब भी तिड़का करते हैं
सुलगते हुए उस रिश्ते, उन अधूरे जज़्बातों के ढ़ेर से

जाते जाते कुछ बातों के कड़वे तिल डाल गया था तू ॥

11.

काजल भरी आँखें वो बंजर ज़मीन सी
माथे पे लहू जैसी सिंदूर की लकीर सी

फिर किसी हीर की अर्थी उठी है डोली में ॥

12.

जबरन ब्याही जायेगी बाबुल की लाज को
सीने में दफ़्न कर लेगी दिल की आवाज़ को

या खुदकुशी करेगी रूह, या क़त्ल कर दी जायेगी ॥

13.

फिर रिबा वसूलने आयी है ज़िन्दगी
इक और बरस इसका किया है फ़ौत मैंने

फिर झाड़ लिये खीसे, हुआ हूँ कंगाल फिर ॥

(रिबा-सूद/monetary interest, फ़ौत-नष्ट करना/destroy, खीसा-जेब/
pocket)

14.

तेरे हाले-दिल को बता कैसे मैं समझूँ
खफ़ा खुद से है, ज़माने से, या तन्हाई से तू

तेरी उदासी के ये गड्ढे बता कैसे भरूँ ॥